JN025521

花園大学人権論集 28

花園大学人権教育研究センター 編

コロナがあらわにした分断される意識

和解と救済の社会学へ

Human Rights Thesisses in Hanazono University

批評社

はしがき

本書は、花園大学人権教育研究センターの出版物の中で市販されているシリーズ『花園大学人権論集』の第二八巻です。本書では、「仏教と人権」をテーマに二〇一九年一二月に開催された第三三回花園大学人権週間における講演三本と、二〇二〇年度の人権週間での講演や座談会（三本のオンライン企画）を収めており、センターのほぼ一年間にわたる人権についての取り組みを大学内外に発信するものです。

さて、二〇二〇年は、文字通り「コロナではじまりコロナで終わった一年」という異常な一年となってしまいました。新型コロナウイルス感染症は、本はしがき執筆時点（二〇二〇年一二月二〇日）では第三波の最中で猛威を振るっており、まったく終息の見通しが立たない状況にあります。

二〇二〇年の人権教育研究センターの活動は、コロナ禍の下、大幅な制限を余儀なくされました。毎年恒例の、春、夏、冬のフィールドワークは中止せざるを得なくなり、年四回の定例研究会もすべて翌年度（二〇二一年度）に延期となりました。しかしながら人権週間につきましては、コロナ渦の下でも可能な形態で取り組もうと、夏頃から、本書収録の三つの企画の録画を行い、何とか一二月の人権週間に間に合わせ、オンラインで大学内外に発信することができ、ホッとしているところです。

ところで、新型コロナウイルス感染症は、世界や日本社会に甚大な影響を及ぼしています。私たちの健康はもとより、仕事の在り方（テレワークの広がり、エッセンシャル労働の厳しさ）、経済の落ち込みや失業など雇用問題の深刻化（飲食、観光等の個人事業主の過酷な状況）、移動の制限による人間関係の弱まり（外出や対面での活動の制限から人とつながることが段々と希薄になる）、大学という共同体の変容（オンライン授業の広がり）などすべての個人や社会に「新しい生活様式」への対応を迫りました。

こうした影響をどのように捉えるか。キーワードとして、Syndemic（シンデミック）を挙げたいと思います。Syndemicとは、同時に幾つかのパンデミックが起こるという現象のことです。

私が属する研究会が二〇二〇年一二月に開催した、「新型コロナ禍における貧困対策の国際動向～アメリカ・ドイツ・韓国～」シンポジウムにおいて、アメリカの研究者、マー・マシュー氏(Matthew Marr、フロリダ国際大学)が今回のコロナ禍の特徴として使われた言葉です。コロナ禍により、米国の社会構造に深く基づいている「制度的な人種差別」(systemic racism)、または人種不平等が改めて明らかになりました。アメリカにおいては、私も二〇二〇年の人権週間の全体企画で報告しておりますように、二〇二〇年五月に起きたジョージ・フロイドさんを警察官が圧死させた事件がアメリカにおける黒人差別の根強さをクローズアップし、コロナ渦においてもテレワークできない仕事に従事せざるを得ない黒人の高い死亡率が問題となりました。

この日本においても、実際には存在していたのに、コロナ渦まであまり見えてなかった問題が明らかになりました。コロナ渦での女性の貧困の広がりが注目され、二〇二〇年に女性の自殺が急増していることが指摘されています。また、若者や学生、外国人、フリーランス、個人事業主、非正規労働者などの貧困が明らかになってきました。前述の国際シンポで、マーさんが「日本の女性の貧困は、アメリカの黒人問題と同じだ」と言われ、私はドキッとし、女性問題の深刻さをあらためて自覚しました。

このような観点から、昨年の人権週間「仏教と人権」の各講演を振り返ると、それぞれ意義深いものがあります。佐々木閑先生(花園大学文学部教授)の「ネットカルマ」は、ネット社会(監視社会）といかに向き合うか、そのためには仏教の教えが示唆に富むことをお話しいただきました。コロナ禍で、大学教員や市民、学生などが今まで以上にネットに依存せざるを得ない生活となっている中では、二〇二〇年人権週間企画での佐々木先生のお話「仏教から見た新型コロナへの対処法」と併せてお読みいただければ、「我々は何を大切に思うのか、我々の人生で一番大切な基本は何か」という私たちの価値観を考えなおすきっかけが得られると思います。

また、根本一徹（僧名・紹徹）さんの「死んでいる場合じゃないぞ！ 〜消えたい気持ち。様々な生死観から見えてきたこと〜」は、自殺防止のために文字通り東奔西走されている根本さんの圧倒的な迫力ある生き様を知ることで、コロナで苦しんでいる人へ、命の大切さを伝えるお話だといえます。

そして、玉置妙憂さんの「仏教と看取り〜終末期のスピリチュアルケア〜」も、コロナの下で、看取りさえ制限されている今、その意味を改めて考える有益なお話であると思います。

また、二〇二〇年の人権週間で、全体企画「新型コロナウイルス感染症と人権　花園大学からのメッセージ」では、佐々木閑先生、私に加え、師茂樹先生（花園大学文学部教授、学務部長）から、コロナ渦の下で「学びの権利を守るために」どのようなことを考え、実践されたかお話しいただきました。

企画2では、「コロナ禍における障害のある人たちの暮らしといのち、そして人権」と題して、コロナの下で、実際に「いのちの選別」に結び付きかねない障害者への差別の問題について、渡邊恵美子さん（NPO法人まーぶる理事長）に、支援の現場から問題提起していただき、笹谷絵里先生（花園大学社会福祉学部専任講師）、梅木真寿郎先生（花園大学社会福祉学部教授）と座談会をしていただきました。

企画3では、「集まれないけど、つながるために〜コロナ禍と子どもの人権」と題して、幸重忠孝さん（NPO法人こどもソーシャルワークセンター理事長）に、コロナ渦での子どもたちの状況と困難な中で支援を継続されて見えてきた問題についてご報告いただき、子どもの学習支援や子ども食堂の取り組みをボランティアで支えている花園大学の学生と対談していただきました。

二〇一九年、二〇二〇年の人権週間の取り組みを収録した本書を読むと、Syndemic という今の事態を改めて痛感せざるを得ません。Syndemic は、コロナ渦を生きる私たちに、「このままではだめだ」、「いつもの対応をしていればよいものではない」、「改めて、輻輳して現れている問題にしっかり向き合い、一過性の対策にとどまらない、根本的な対策が、今度こそ必要ではないか」、つまり、貧困や生活問題に引き付けて言えば、コロナ渦は、「今だけ、金だけ、自分だけ」の新自由主義的な政治や社会の在り方に歯止めをかけ、連帯と共生の社会を実現していく契機にしなければならないことを問いかけていると思います。

本書の出版に当たっても、批評社には格別の労をとっていただきました。出版事情の厳しい折に、本書出版の意義をご理解下さった編集スタッフをはじめとする関係者に対して、厚くお礼を申し上げます。また、本書出版の意義を認めて格別の助成をくださった花園大学執行部にも、深甚の謝意を表します。

二〇二一年三月

花園大学人権教育研究センター所長（社会福祉学部教授）　吉永　純

コロナがあらわにした分断される意識

——和解と救済の社会学へ

花園大学人権論集㉘

もくじ

新型コロナウイルス感染症と人権
花園大学からのメッセージ

佐々木閑・吉永純・師茂樹・梅木真寿郎

梅木　本日の企画の司会を担当します花園大学人権教育研究センター副所長の梅木です。人権週間における今回の総合企画の趣旨説明をさせていただきます。一九四八年、国連で「世界人権宣言」が採択されました。採択日が一二月一〇日であったことから、一二月四日～一〇日までの一週間を「人権週間」としています。毎年、本学においても「知ることから」と題して人権について考えるための講演企画を行ってきましたが、本年度は新型コロナウイルスの感染拡大の影響もあり、通常開催を見送ることとなり、オンライン企画とさせていただくことになりました。

新型コロナウイルス感染症につきましては多くの犠牲者を出しており、ご心痛を感じられていることと存じます。また感染してしまい、陽性者として辛い思いをされている方もあるかと思います。新型コロナウイルス感染症はそれ以外にも大きな影響を多方面に及ぼしています。新型コロナウイルス感染症の感染拡大のただ中にあって、「人間の尊厳を傷つける人権問題が顕在化する」に至っているように思われます。私たちは花園大学において日々、人権問題に向き合ってきたわけですが、今年度は「新型コロナウイルス感染症を契機とした人権問題」についてしっかりと考えてみなければならない、そう考えるように至ったわけであります。

そのこともあり、今回、「新型コロナウイルス感染症と人権」というテーマのもと、「この間に何が起きたのか、私たちにどのような影響を及ぼしているのか、それらのことを受け、今後、私たちはどうしていくべきなのか」、これらについて考えていきたいというのが、今回の企画趣旨となります。

それではここでご発題いただきます先生方のご紹介をさせていただきます。本学仏教学科教授、佐々木閑先生です。佐々木先生は文学部長としても活躍されています。ご専門は「仏教哲学」「古代インド仏教学」「仏教史」です。次に社会福祉学科教授の吉永純先生です。吉永先生は花園大学人権教育研究センター所長としても活躍されています。吉永先生のご専門は「公的扶助論」であります。そして師茂樹先生です。師先生は本学の教養教育課程の教授であると共に、本学の学務部長としてもご活躍されています。ご専門は「人文情報学」「情報歴史学」「仏教学」であります。最後に司会の本学社会福祉学科教授の梅木真寿郎です。専門は「社会福祉思想史」です。よろしくお願いいします。

仏教から見た新型コロナへの対処法

佐々木閑

みなさん、こんにちは。仏教学科の佐々木です。今回、人権週間での動画を作成することになり、それに協力させていただくことになりました。テーマは、今回大変な騒動になっている「新型コロナウイルス」です。「コロナが我々の生活にどう影響するか」を、それぞれの先生が、それぞれの視点でお話をするという企画です。私は仏教学科の教員ですから、仏教という花園大学の基本になる教えが今回のコロナの問題とどうつながるのか、そして仏教を学ぶことがどういう意味をもつのかという点からお話をしたいと思います。

今回、コロナで世の中がどうなったのか。一番大きなポイントは、我々の価値観が変わってきたということです。これまで「こういう生き方が正しい、こうやっていれば大丈夫だ」と思っていたあたりまえの世界観が、コロナを境にして大きく変化していると、みなさんも感じておられるのではないかと思います。

たとえば、コロナの前は、我々は「グローバル化」という言葉を聞いてきました。「世の中が一つにつながることはよいことだ。人やモノ、お金、世の中の基本的な構成要素が世界中を飛び回り、そしてつながって一体化していけば、そこに必ず理想の世界が現れてくる」。口で言うと、とてもすばらしいことのように思えますが、実体化してみたらどうなったかというのが今回のコロナの一つの答えですね。一体化したことによって、すべての人間の移動が自由になり、たちまちにして一カ所で起こった病気が世界中で広がっていくということが起こるわけです。こんなことは予想もしていませんでした。

人の移動によってこのような災悪が起こるならば、モノが移動したり、お金が移動するグローバル化の基本的な要素がさらに展開されれば、それに伴い、予想もしない最悪のことが現れてくることもあるわけです。今までみんなが揃って「これがいい」と言っていた事柄が、これを境にコロッと変わることがあるということを私たちは今回のコロナを通じて学んだわけです。

ではどうするか。それは政治や経済など大きな力が正しい方向に矯正し、直していってくれるんでしょうけれども、仏教という宗教の立場からみますと、「我々は何を大切に思うのか、我々の人生で一番大切な基本は何か」という、一人ひとりの生き方の問題において、コロナをきっかけとして新たな世界観をつくっていく、それが仏教という宗教に深くつながってくるということです。どういう点でつながっているかというと、仏教という宗教の基本、特に日本でいうと禅宗、つまり花園大学の宗派ですが、「禅宗を中心とした仏教の基本的な考え方は何か」というと「自分自身があたりまえだと思い込んでいる世界観を自分の力でどうやって矯正し、より正しい方向に向けていくか」という、それが禅の、お釈迦さまの教えの基本なんですね。

私たちは、この世界に生まれ落ち、俗世間の中で、みんなが「こうだ」と言っている世界観の中で洗脳されて生きているわけです。たとえば、よい家をもち、財産をたくさんもち、多くの人々から尊敬され、肩書がつき、というふうに世俗的な生き方を「良し」とする考え方、誰も、それに対して疑問をもちませんけれども、これは一種の洗脳です。

それに対して「それが本当にあなたにとって幸せの道ですか、よく考えてみてくださいよ」と問いかけるのが宗教ですね。もちろん「それでよい」という人もいるでしょうけれども、よくよく考えてみると、「私は、本当はそういう生き方が正しいと思っていないのではないだろうか。私にとってもっと正しい生き方が別にあるんじゃないだろうか」と思い直すきっかけを与えるのが仏教という宗教なんですね。

今までのように何も起こらない平穏な世界が、このまま続いていく。しかしその中で一般の世界では生きられない人たちを救いあげていくのが仏教の役割だったんですが、今回のコロナは、そのベースとなる世界の方が変わってしまったわけです。本来ならば、そのまま続いていくはずの世界が、今回、丸ごと変わってしまった。価値観、世界観が変わってしまった。我々はみんな、新しい世界観の中へ放り出され、その中で「自分の新しい生き方を、今までとは違う生き方を見つけなさい」といわれているんですね。

そんな時、そういう生き方を変える方法として、二五〇〇年前から東洋を中心に受け継がれてきた仏教の教えが生き方を変えるノウハウの蓄積だとみることができます。今、多くの人たちがコロナによってこれまでと違う世界に放り出され、「私の生き方を、この先どうしたらいいか」と模索する人たちに、「このやり方で新しい世界が見つかりますよ」と。二五〇〇年前から「そういう道がある」といってきた仏教は、大変心強い、一つの後押しになるのではないかと思います。

それはなぜかというと「人はみんな違う」からです。一人ひとり、それぞれに違う道を考えていくのですが、多くの人たちに共通する価値観の変え方、自分の新しい道の見つけ方が、仏教の中にノウハウとしていっぱいあることを知っておいていただきたい。では、具体的にどうするか。それはまた仏教を学んでいただき、自分の人生を振り返ることによって、それぞれがオーダーメイドする人生の生き方を見つけていくことが可能になると思います。

「コロナで現れた新しい世界の中でも通用する人生の指針が、二五〇〇年前から存在していた」ということを知っていただきたいというのが、今回の話のメインであります。より詳しく学びたい方は、どうぞ遠慮なく、仏教学科へきてお話を聴いていただけたらと思います。これで終わります。どうもありがとうございました。

コロナ禍による生活危機と生きる権利

吉永純

花園大学で貧困や生活保護の研究をしています吉永と申します。花園大学人権教育研究センター所長をしています。人権週間にあたり、「コロナ禍による生活危機と生きる権利」と題して、主に「私たちの身近な生活に、コロナの問題がどのような影響を及ぼしているか」。未曾有の危機の内容や特徴をお話しし、ではどうしたらこの危機に向かいあうことができるのか、その手がかりになることをお示しできたらと思っています。

未曾有の経済危機。たとえばGDP(国内総生産)、日本で一年間、新たな価値がどれほど生み出されているか。毎年五三〇兆円くらいになりますが、この四月〜六月を年率に換算すると、二七・八%という史上最大の落ち込みになっています。一〇年前のリーマンショックの時も大きな被害といわれていましたが一七・八％に止まっていましたので、今回の危機の大きさがわかると思います。

なぜこうなったか。リーマンの時は働いている人、派遣の方に集中的に被害が及びましたが、今回は市民の誰もが被害を受けている。非正規労働者はもとより、とりわけ個人営業主の方、自営業の方、フリーランスの方に被害が集中的に現れているのではないか。ただ、目立って路頭に迷う人がたくさんいるとか、そういう状況ではありません。一〇万円の給付金、社会福祉協議会の貸付、家賃の補助金など、リーマンの時に比べると、それなりの対応が現在とられていて、一定の効果を及ぼしていると思われます。ただこれらの対策は、いずれも期間限定、一過性のものでありますので、早晩、持ちこたえられなくなるのではないかと思います。そうなると最後のセーフティネットである生活保護の門を叩く方が増えてくるのではないかと予想されます。

このような未曾有の危機がどのような人たちに影響を及ぼしているかを次に述べたいと思います。コロナはウイルスですから人を選んで感染するわけではないのですが、実は特定の階層の人たちに打撃を与えています。たとえばアメリカの首都ワシントンは人口比で黒人は四六％を占めていますが、コロナで亡くなった方のうち八割が黒人だった。日本でも現在の時点では年収二〇〇万未満のワーキングプアーといわれている人たちのうち、「五割、減収した」人が三割いる。一方で年収六〇〇〇万以上の人は、その六割が「ほとんど影響がない」。つまりテレワークをできない人たち、自ら仕事に行かなければ収入がない人や、人と接するサービス業をせざるをえない、そういう人たちに打撃を与えていることが、今回のコロナの問題ではないかと思います。

もう一つ翻って考えてみますと、コロナの影響は、「平時」の、何もなかった時には「見えなかった」問題が浮上しているだけではないかとも思われるわけです。先程、黒人の死亡率が高いと言いましたが、五月二五日、ミネアポリスでジョージ・フロイドさんが警官に首を押さえこまれて亡くなるというショッキングな事件が起こりました。私も黒人差別のひどさを改めて感じましたが、これと黒人のコロナ死亡率とはドッキングするわけです。長年の苦しい差別の中で職業が制限され、コロナにかかりやすくなったりすることが明らかになったのではないかと思うわけです。

また日本においても場面は違いますが、国の政策が当面の費用対効果を比較し、成果が出るものだけを優先する、そういう政策が長年続いてきました。たとえばPCR検査によって保健所はパンク状態となっていて、これからも心配です。一九九六年に保健所数は全国で八六〇くらいありましたが、現在、四〇〇台まで落ち込んでいる。「医療崩壊」が叫ばれていますが、医療、福祉予算が毎年削られてきた結果です。当面、金にならない「基礎的な社会インフラは後回しにする」という政策のツケが、現在、露になってきたと感じざるをえません。

医療福祉の分野で、さらに深刻な問題が引き起こされています。「命の選別」ということが叫ばれたわけです。「高齢の方、重度の障害のある方の感染に対する治療が後回しにされるのではないか」という問題が、我々の目の前に現れてきたわけです。もちろん「命の選別」は決して許されないし、みんな思っていても言えないことですが、現実にそういうことに直面せざるをえない状況になっています。折しもＡＬＳの患者さんへの自殺幇助事件が京都で起こりました。命について、もう一度向き合う必要があることが、今回のコロナの問題で明らかになりました。

また一方、現在、福祉分野では人間の「孤立」が大きな課題として提起されています。毎年のように高齢者が孤独死する。また子どもたちへの支援が必要だということで、子ども食堂や子どもの学習支援を本学の学生たちもがんばって支援しています。高齢者のサロン、居場所づくりも社会福祉協議会などががんばってやっておられる。ところが、コロナが起きて集まることができないという問題が発生し、しかし、つながらないといけない。これをどうやっていくかという問題が、私たちの目の前につきつけられているのではないかと思います。

ではどうしたらいいか。「この危機に、どう向き合うべきか」についてその手がかりになることを三つほどお話ししたいと思います。

一つ目は「社会の価値観として命を最優先する社会をつくること」を再確認する必要があると思います。「Black lives matter」（黒人の命も大事だよ）が、合い言葉になっています。「差別の問題の根源は命を大事にするかどうか」、これが今のアメリカの状況からも伺えます。命を大事にしていくことが大切です。

二つ目は、コロナという大きな感染症、災害に近い状態は、日本では常に起こっていることを改めて認識する必要があるということです。感染症の問題では、世界的にはエボラ熱とかSARS、MARS、新型インフルエンザなど大きな感染症が数年に一回は勃発しています。また、日本では特に地震が頻発しています。一九九五年の阪神・淡路大震災以降、東日本大震災、最近の熊本地震、北海道地震等、三、四年に一回、大きな地震が起きています。さらに毎年の豪雨。日本は豪雨列島といってもいい状況にあります。平時、有事を問わず、災害が常にあることを前提にした国づくり、そのための社会的合意をつくっていく必要があります。

そういうことを前提として、三つ目は「私たちが目指す社会的価値観」として、「対立、分断ではなく、連帯、共生の社会を目指していくべきではなかろうか」と思っています。問題提起として以上のことを考えています。どうもご静聴ありがとうございました。

学びの権利を守るために

師茂樹

今年度から学務部長の立場で、みなさんの大学生活、授業について担当することになりました。今回の人権週間は、その立場からお話をさせていただきたいと思います。今年四月からオンライン授業が始まりました。学生のみなさんの命を守る、教職員の命を守る、授業や学びを止めない、といったことのために難しい判断をすることになりました。私も今まで、家族を守るとか、自分の命を守るといったことを考えたことはありますが、大学という大きい組織の構成員の命を守る、生活を守る、といったことは考えたこともなく、悩み、苦しい思いをしました。

場合によっては大学四年間で卒業できないとか、実習に行けない、資格をとれない学生がでる事態も起こりえました。ただ国が基準を緩めて「オンライン授業をやってもよい」ことになりましたので、何とか半期の授業を曲がりなりにも終えることができました。後期も何とか無事に授業が行われていくことを願っています。単位を出せない、実習に行けないということも起きず、何とか乗り切ることができたのは、学生のみなさん、教職員のみなさんのご協力のおかげだと思っています。本当にありがとうございました。

ただ、前期のオンライン授業で何も問題がなかったかというと、そんなことはありません。学生のみなさん、教職員のみなさんからは、苦情もたくさんいただきました。特に学生のみなさんからは、「慣れないオンライン授業で勉強できない。課題が多くて大変だ。生活のリズムが狂ってしまい、不調を来した」という話をたくさんいただきました。大学の方でも、個々の教職員の方でも、学生の苦情、訴えを知って、それに対してどうしようもできないことに無力感を感じたことも事実です。

今回、みなさんからの訴えを聞いていく中で、事前に想定できなかったものもありました。たとえば「家から一歩も出られなくなり、生活リズムが狂って鬱っぽくなる」「友だちができない」といったことは、特に一回生のみなさんについては心配に思っていました（し、それは想定していました）。一回生のみなさんで辛い生活を送った方もあるかと思います。

今回、想定できなかったことの一つが、「勉強ができない」という訴えをされる方がいたことです。最初は「別に家でだって教材があれば、それなりに授業ができるのではないか」と思っていたのですが、実はそうではない、「大学という環境がなければ学べない」学生が一定数いたということです。周りに友だちがいて、少しずつコミュニケーションをとらないと勉強できない。あるいは、スタバのようなカフェにパソコンを持ち込んで仕事をしている人もいますが、「周りの環境が家と変化がないと勉強できない」とか「自分の家庭で勉強する環境が整っていない」とか、さまざまな理由で「大学という場の支援がないと学びをできない」という方がいらっしゃったことが、今回大きく気づかされたことでした。

それとは逆に、「大学という場が学ぶことに適していない」という学生もいました。障害があって大学に通うのが難しい。周りに人がいると集中できない。そういう学生への配慮はこれまでもありましたが、その逆のパターンが、今回、浮き彫りになったことに気づかされました。

東京大学で当事者研究をされていて、花園大学にも一度、講演にきていただいたこともあります熊谷晋一郎さんがおっしゃっていたことに、「健常者は自立しているように思うかもしれないが、ほんとうは周りにたくさん支援されている。支援されていることに気づかなくても生きていける人のことを『自立している』と言う」というのがあります。コロナの問題が起きる前までは、大学に通って勉強することはあたりまえのことでした。大学という環境によって支援されていることを意識しなくても、あたりまえのように通うことができました。

ところが今回、そういう支援が受けられない環境になりました。今までと違う形になって、勉強できなくなる学生が出てきたということです。そういう学生に対して、今後きちんと支援していかなければならないと思います。今回は人権週間ということですが、（今回のコロナ禍で）「学生が学ぶ権利」について、示唆というか、我々としても考えなければならないことに気づかされたということです。

新型コロナウイルスの状況が今後どうなるかわかりませんが、コロナが起きる前の状態に戻ることはないのではないかと思います。そういう状況の中で、「学生の学ぶ権利」や「命の大切さ」をどうやって守っていくかについて、私たちの方でも考えていきたいと思いますが、学生、教職員のみなさんからお知恵をお借りして、大学が、少しでもよりよい大学になっていくことを願っております。よろしくお願いいたします。

座談会　新型コロナウイルス感染症と人権 花園大学からのメッセージ

佐々木閑・吉永純・師茂樹・梅木真寿郎

梅木　これからディスカッションを進めていきます。私から先生方に対して一つずつご質問をしたいと思います。そして最後に三人の先生方に共通の質問をしたいと思います。それぞれに対してお答えいただけると幸いです。よろしくお願いします。

まず佐々木先生に。新型コロナウイルス感染症が現代社会を生きる私たちに対して世界観、価値観の転換を突きつけてきた。少なくともそのきっかけとなったということですが、仏教には新たな生き方に導いていく力があり、精神構造を転換するノウハウを有するものであるとのことでした。それを踏まえて徹底した自己分析と我欲を離れた現実認識についてのご提案があったかと思います。これについて、学生がそれを実践していく上で少しでも具体的なものがあればわかりやすくなりますので、もう少し教えていただければと思います。

佐々木　仏教の基本的な考え方は、コロナのあるなしに関係なく、二五〇〇年前からの考え方ですが、私たちはもともと心の中で「世の中を自分中心に見ていく」傾向性をもっているということです。これはあたりまえのことです。生命ですから自分を守るためには自分を中心に考えなければしょうがないのですが、我々は時として、それをあまりにも強く自分中心に考えすぎることがあるんですね。でも自分のことだから、そのことにはなかなか気がつきません。世の中が何も変わらず、そのまま平穏に動いている時は、「自分の中に自分中心の考え方がある」ことに気がつきにくいんです。しかし今回のコロナのような突然の災悪が襲ってきて世の中自体が変わってしまうことがある。私たちはそれをきっかけとして、「自分が、いかに利己的に自分中心に世の中を見ていたのか」ということに気がつくんですね。

例を挙げてみますと、コロナ前は「働かざる者、食うべからず」なんて言っていたわけです。この言葉は聖書からとられているもので、本来の意味は「働く機会があるのに、働けるのにグータラして働かない者は食うべからず」という意味だったのに、いつしかそれが、「この世の中で仕事をしていない人間は劣った人間であるからご飯を食べる権利がない」と自分勝手な解釈がされていたんですね。コロナが起きてみると、「働く機会」そのものがなくなる。「コロナのせいで仕事を失った人は食うべからず」なのか。それまで我々が自分中心に恵まれた立場にあることを利用して、その立場にない人たちを低く見てきたことを意識させられるわけですね。こういうことが大事なので、コロナは災悪ですが、それを機縁に何を学ぶかということは我々の知恵の力であります。

仏教は本来、そういうことを言ってきたわけです。「自分の心の中の、自分中心の考え方を、いかに自分の力で探しだし、消していくか」を長年考えてきたのが仏教です。コロナを一つの土台として、まさに仏教的なものの見方を我々が身につける。そうすると何が起こるか。「自分中心の見方を変えることで他者の立場に立つ見方ができるようになる」ということです。これこそが「人の心を深く考え、その立場でものを見る」ということです。それを我々が学ぶために、コロナという稀有なきっかけを通して災悪を再認識する、そのように現実をとらえていただきたいというのが、今回の私の主張の趣旨であります。

梅木　ありがとうございました。社会福祉においても「自己覚知」という言葉がありますが、「自己覚知することで、他者を理解していくことにもつながるな」と思いました。

次に吉永先生に。コロナ禍の生活危機の現状について詳しいデータをお示しいただきながらご説明いただきました。特にショッキングなことは「新型コロナウイルス感染症が、差別されてきた貧困層と低所得層に特に打撃を与えている」ということです。ここには根深い問題があるのではないかと思いました。それが現在進行形の問題としてあがっていることについて、「集まれないが、つながることを、いかにしてつくっていくか。孤立という問題をどのようにして克服し、つながりをつくっていくか」。これはまさに福祉においても大切な課題かと思いました。

集まれない壁を、どう克服するか。「連帯、共生社会を構築していくための社会システムづくり、そして格差是正」についてわかりやすくご説明いただきましたが、では先生が、この問題に対してどのような処方箋や対応をお考えか。思われていることをお話いただければと思います。よろしくお願いいたします。

吉永　先程の問題提起とも重なりますが、「これまでの価値観を、もう一回、振り返ってみること」が大事だと思うんですね。今、「新自由主義」がはびこっていて、「無駄なものは削れ、儲かれば正義、すべてが自己責任」、そういう考え方が、我々もそうだし、学生のみなさんにも染み込んでいると思います。そこを突き詰めていくと、「人間は生産しなければ価値がない」ことになる。

しかし「人間は存在そのものに価値がある」ことを、いかに説得力をもって、この機会にクローズアップしていくことができるかが、課題だと思っています。

もう一つは私自身、コロナになって夕食を家族とともに食べる時間が増えたんです。なぜかというと居酒屋に行けなくなったから(笑)。行きたいんですが、行けないので、やむなく(?)家族といっしょにいる時間が増える。しかし、よく考えてみると、今までの私の生活は毎日追い立てられるのが当たり前でやってきた。夕食も家に帰って一〇時くらいに食べるのが普通でしたので、家族との時間を考える余裕もなかった。その意味では、コロナ禍で否応なく家にいることになって、かえってよかったのかなと思いました。もちろん、コロナで虐待などの家族のトラブルが増えることは避けなければならないのですが、「時間の問題や日々の生活を考え直してみる。世の中のあり方として新自由主義を改めて振り返ってみる必要があるのではないか」と感じています。

梅木 ありがとうございました。「存在そのものに価値がある」。またコロナの一件で生活スタイルの変更を余儀なくなくされたと。しかしそのことが家族との時間、つながりになったということなのかなということですね。「コロナウイルスの感染症の自粛」という部分でネガティブにとらえる部分と、逆に見方を変えると、さまざまな気づきがそこにはあるのかなと思いました。

師先生に。学生たちが大学に通えない状況がある。学生の学びをストップさせない。そして学習権を保障するためにオンライン授業を実施するに至った。その中で「オンライン授業の導入によってもたらされた功罪」について多角的なご指摘をいただきました。

それを踏まえて一つ質問です。ほぼすべての学生が、オンライン化によって、ある意味、配慮が必要な状況になりましたが、しかし対面授業を行っていた時に配慮が必要だった学生が、もちろんいます。教育を受ける上での「弱者」と位置づけてもいいのかなと思います。そういう彼ら彼女らが、今回の一件で何らかの障害があり、合理的配慮が必要であるとか、外国人、留学生とか特段の配慮が必要な学生への対応について、ご苦労されたかと思います。この点について学務部長の立場を踏まえて取り組みの状況、課題など、お気づきのことがありましたら、お話しいただければと思います。

師　課題だらけです。不十分な対応しかできていなかったのではないかと反省ばかりです。すべての学生に対して配慮は必要ですが、実は「学生にとって何が問題なのかが、よくわからない」という状況もありました。「一回生が友だちをつくる機会がない、大学に入った気がしない」。それは想像がつきます。生活リズムが崩れるとかも予想がつきます。家庭がそんなに裕福ではない場合だと「Ｗｉ－Ｆｉを用意しろ」と言われても買えないこともある。それも簡単に想像がつく。

しかし、環境が変わったことによって、想像がつかない問題もたくさん起きてきて、それを把握するのに苦労しました。アンケート調査もやりました。でも、事前に問題がある程度わかっていないとアンケートはつくれない。そういうアンケートでないと状況を把握できないですから。きちんと受講できている学生の場合はいいんですが、「C-Learningとかポータルのアクセスが全然できない学生」「これは何かにはまっているんだろうな」という学生には個別に電話をかけて対処をするとか、そういう取り組みで未知の状況をいかに把握し、その対処方法を考えることのくりかえしでした。全体的にアンケートをやって対処するというより、個別撃破、一つひとつの問題を解決していくアプローチをとりました。それが、うまくいったかどうかは反省しないといけないところもあるのですが。

外国人、留学生の方は、ほぼ国内に入れないということでしたし、「合理的配慮」が必要な学生は個別に支援室が対応して解決しました。しかしこれまで「合理的配慮」が必要だった学生が、オンライン授業になって、逆に学びやすくなったという面もある。逆に言えば、そういう学生に対して、これまでオンライン教材を提供してこなかった。これからは提供していかないといけないかもしれません。普通に学べていた学生が、反対に「弱者」になっていった。そういう配置が変わった状況もありました。大きな環境の変化が起きて、それに対処できなかったことも多いかと思いますが、「何とかしよう」という思いで取り組んできたということです。

梅木　ありがとうございました。「未知の状況をどのように認識していくのか」。研究もそうですが、教育実践の現場で直面することになろうとは思っていなかったことに対して、先生方もご苦労されただろうなと思います。それまでは「合理的配慮」が必要だった学生の方が、オンライン授業に適応できたという新たな気づきもあったのかなと思います。今後、オンラインと対面授業のハイブリッド型で両者、二つの教育方法を走らせる部分も出てくるのかなと感じるところがありました。

次に三人の先生方に共通の質問をさせていただきます。前期、さまざまなことがあったと思いますが、「花園大学の一教員として新型コロナウイルス感染症の問題にどのように向き合ってこられたか。それを通してえられた気づきは何か。今後、どのようにこの問題に向き合っていこうとお考えか」。先生方から、お考えを伺えればと思います。佐々木先生からお願いします。

佐々木　もちろん授業の形態が変わりましたから、私もオンラインでユーチューブを使って授業をやることになりました。不便で大変なことになりましたが、大変であることが、よい効果になる場合もあることに気づきました。大変だから、自分で工夫して知恵を絞って何とか乗り越えようと、学生たちも教師も考える。コミュニケーション能力が十分でないために、対面授業でうまく主張できなかった学生がオンライン授業を使って自分の主張を強く出せるようになった。私と一対一で対話ができるようになる場面も体験しました。この学生は「オンライン授業は自分に合っている」と思い、意気盛んに私に話しかけてくる。そうすると教育効果も高くなる。

さまざまな障害がある状況は、そこにいる人間にとって決して害悪ではない。損害にはなりますが、その人を向上させるきっかけになる時には、「益」になる場合もある。私たちの世代は特別に恵まれた世代で、先代も先々代も、みんな苦労しています。戦争があり、地震がありました。私は六三歳ですが、この世代はスポッと何もない状態できた世代です。これからはいろんなことがある。実はいろんな苦しみ、災悪があった時代の方がメインです。その人たちは、その中で知恵を絞り、次の世代を育ててくださったわけです。

それを思うと我々もまた、ごく普通の世界に、ごく普通に生きてきたと思っていたが、このような事態になり、「自分の力を発揮せよ」と叱咤激励されているように、今の状況をとらえるべきではないかと思います。その意味で今、苦労している学生たちは、逆に強くなっていくだろうと大変期待しています。これから日本の土台になるような立派な人材を生み出す層になっていくのではないかと、将来に対しての希望をもっています。

梅木 「大変さ」というものを「害悪」ととらえがちですが、決してそうではなく、「益」にもなるというのは新鮮でした。「害悪に感じるだけではなく、益となるためには、私たち一人ひとりが知恵をいかに出し合っていくのか、そこを問われているのかな」と思うところがありました。

それでは吉永先生からお願いします。

吉永 私もパワーポイントの録画機能で授業（といっても一人でPCに向って一時間以上しゃべるのですが）を録画してユーチューブにアップしたりして、授業の対応が大変でしたが、やってみて思うのは「対話の重要性」です。教室で学生の顔を見て議論をすることの大事さです。これまではそれに馴染んでいる人たちを中心にやってきた。しかし、コロナでそれが当たり前でなくなり、なかなか対面授業に乗ってこられない学生にも、「対話をしっかり保障しなければいけない」ことに、改めて気づきました。普通にやっていては対話が十分にできない学生ともしっかり対話することが、大学でいっしょに学ぶことの意味なのかなと思いました。

またZOOM等のオンラインアプリなどの授業方法についても、その方が対話しやすい学生もいる。前期のゼミなどをZOOMでやっても一方的な話を延々とやっているという、一対一が一〇組あるという感じでした。私はZOOMに習熟はしていないのですが、これからも、コロナがそう簡単に収まるとは思えないので、ZOOMなどのアプリに我々も慣れる努力をしないといけない。対面であるか、オンラインかを問わず、「対話を、どう保障していくか」ということが重要かと思います。

もう一つ広げると「大学という共同体とは何か」を改めて思うわけですね。大学では、サークルなど自由な人間関係が作れる。私も学生時代を振り返ると、時間があり、その中でどんな人間関係をつくるかが人生を左右する要素にもなる。時間と自由は学生の特権だと思いますが、それが今回、コロナで保障されなかった。現在も難しい状況にある。そこを大学としてどう保障していくか。「大学が大学であるための基本的な機能」について、改めて、しみじみとこのコロナで気づかされたと思いました。

梅木 「あたりまえだと思っていたことが、決してそうではなかった」と実感させられたと。授業中の対話一つとっても、今回オンラインを通じて、「対話の意味は何なのか」と本質的な部分を考えさせられる機会になったかと思います。対話は教員から一方通行で成立するものではありませんので、いかに相互的、双方向的にやっていくのか。オンライン授業が一方通行だったら目もあてられない。ZOOMをはじめとした新しいツールで、いかに双方向でやっていくのか、学生も教員も戸惑いがあり、手さぐりの中で、一歩、一歩、対話をつくっていったのかなと思います。今後も新たな対話をつくっていかなければなりません。

「大学という共同体」の意味について、大学はカリキュラムをこなしていくだけの場ではありませんので、横のつながり、学生同士の縦のつながりとか、さまざまな学びがある。今後、コロナ禍時代、共同体としての大学をいかに機能させていくのかが課題として残っているのかなと思いました。

それでは師先生からお願いします。

師 実は実家が福島県にあるんですが、東日本大震災が起きた時、原発の問題もあり、福島県に住んでいる私の親戚が車に乗って関東に行ったら、「お前は放射線で汚染されているから店に入るな」とラーメン屋で拒否された、という体験をして悔しい思いをしました。「そういうのはいかんな」と思っていましたが、いざ自分が、今回のコロナウイルスのただ中にいると、「Ｇｏ Ｔｏキャンペーンで東京から京都にくるな」と言っているわけです。もちろんいろんな文脈がありますが、あんなに福島県への差別に対して怒っていた自分が、いざ当事者になると利己的になって――「大学を守りたい」とか「学生から感染者を出したくない」「組織を守りたい」という気持ちがあるからですが――それがある意味、一教員として以前に「一人間としてダメだな」と思ったことがありました。今回、環境が変わったことによって、自分自身も反省させられる。「俺って弱いな」と感じました。

今回、もう一つ、「人権総論」の授業を担当して、四月最初に「コロナによって、どんな差別がありますか?」というアンケートを学生たちにしました。特に四月のはじめ、京都産業大学へのバッシングが起きていたので、それに対して「あんなことをしちゃいけない」とかアンケートに書いてありました。七月、同じアンケートをとったんです。四月とはガラッと回答が違っていました。状況が変わることによって人々の社会への見方がどんどん変わっていくことに気づかされて、私たちは状況に流されながら社会を見ていると痛感しました。その中で何とか「差別をさせない、権利を守る」ことを考えていかないといけないと強く実感しました。それが今回、私が気づいたことでした。

梅木　まさに人間としての弱さ、この点に気づかされる場面が私にもありました。ある意味、加害行為は自分とは無縁のことだと思っていたら、無意識的に加害に加担していたことに気づくこともあるのかなと思いました。「状況の中で人間はさまざまな変化を見せる」。ソーシャルワークではよく見受けられることですが、それを実体験として教育の現場で感じることになるとは想像もしていませんでしたが、先生の今回の気づきも、その部分なのかなと思いました。

最後に。各先生方からご意見をちょうだいしました。それぞれのご意見に対するコメントを、お一人ずついただいて、総括に移りたいと思います。はじめに佐々木先生からお願いします。

佐々木　もう一つ仏教の言葉がありまして、「諸行無常」という言葉です。「今ある状態がいつまでも続くというのは全くの錯覚であり、常に世の中は変化、自分に都合の悪い方向へ動いていくのである」という考え方ですね。コロナは一つの現象、大変な災害ですが、異常気象やその他さまざまな政治的問題など、これからの世の中は同じようなインパクトのある現象が次々に起こる可能性があると思います。それに対する備え、それを「防ぐ」というより、そういう状態において「自分をしっかりと支えていける価値観を自分でつくりあげておく」。それには修練が大事だと思います。「座って修行しなさい」ということではなく、いつでも「物事を正しく考えていこう」という意思をもつことが大事だと思います。これは私自身も含めて、みなさんへのアドバイスです。

吉永　テレビなどで感染した人が謝罪するシーンがよく放映されますが、私は違和感がありました。感染した現場はエッセンシャル労働が多い。人が生きるために欠くことのできない現場で働く人たちが感染しやすいという状況が客観的にあるわけです。ご本人には基本的には責任はない。むしろ、感染しても、それをオープンにして「なぜそうなったか」を教訓化していくことが重要だと思います。必要な検査をしっかりやるとか、「隠さないこと」を社会の共通認識にしないと、隠して、隠して結局、誰が感染したかわからなくなる。そしていつのまにか次の波がきたという、そんなことになることを避けないといけないと思います。そこは再検討するべきことだと今は思っています。

師　実は私、少林寺拳法部の指導者をしていまして、スポーツの指導者の講習会を受けるんです。スポーツの現場はハラスメントが多くて、「ハラスメントしないように」と指導されるのですが、その時講習でよく言われるのは「常識を更新しなさい」ということです。昔はスポーツ系で（指導と称して）ボコボコとやってもよかったけど、それは今はハラスメントでダメだし、「暴力だからやめてください」となります。佐々木先生のお話で「新たな生き方、認識を変えていく。今と同じようには世の中は進まない。変わっていく」というお話を聴いた時、ふと、それを思い出していました。常識を更新していくこと。認識を変えて、世界の見方、人とのつながり方を変えていかないといけないということを強く感じました。そうしないと新たなハラスメントが、また起きてしまう。

ただ、人間はそんなに簡単に変われないです。それが辛さの原因でしょうが、なかなか変えられない。変わることができない人たちに対するサポートも、これから考えていかないといけないと思うんです。私一人で考えてもどうしようもないので、みなさんのお話を聴いた上での感想も含めて、教職員、学生のみなさんのお知恵をいただけたらありがたいなと思っています。

梅木　ありがとうございました。最後に本日の企画の総括をさせていただきます。企画のテーマであります「新型コロナウイルス感染症と人権」について各先生のお立場から、ご発題をいただきました。先生方のご意見を総括できる力はありませんが、私の個人的な感想で、その任に代えさせていただきたいと思います。

先生方のお話を聴いて強く思ったことは、「隔離すべきものは決して一人ひとりの人間ではない」ということ。あくまでウイルスであるということ。「一人ひとり、人格の主体である人間性を決して隔離すべきではない」。感染拡大を防ぐ上での公衆衛生上のソーシャル・ディスタンス、本日も、それをしっかりとっていますが、「物理的な距離を保つ」ことと、「人と人とのつながり、ある意味、関係性」の距離をとるのは、全く意味が違うことになるわけであります。それについて、先生方からさまざまな角度からお話をいただき、気づくきっかけになったかと思いました。そしてまさに「命を守る」という言葉に始まり、「生存権」を守る医療、福祉など社会的インフラをはじめとして「命を最優先」で考えていく。そのメッセージを、みなさんに感じていただいたのではないかと思います。

「命を大切にする社会」をいかに構築していくか。「仏教」の立場から、「福祉」の立場から、「大学教育」の立場から、その一端を伺うことができたかと思います。「新型コロナウイルス感染症と人権」は、現在進行形の問題として私たち一人ひとりに突きつけられた、まさにリアルな問題です。逆にこのような未曾有の危機的な状況であるからこそ、「人間の尊厳性」を直視し、「人と人とのつながりの質的なあり方」や「人権」について、これからも引き続き考えていきたいと思った次第です。

それでは本日は長時間おつきあいいただき、ありがとうございました。以上で人権週間特別企画「新型コロナウイルス感染症と人権」を閉じたいと思います。最後までご視聴いただきました皆様、ありがとうございました。

（第34回花園大学人権週間・二〇二〇年一二月四日～十日配信）

コロナ禍における障害のある人たちの暮らしといのち、そして人権

渡邊恵美子・笹谷絵里・梅木真寿郎

梅木　本年度は全体会に引き続き、本企画におきましてもオンラインでの企画とさせていただきます。花園大学人権週間における今回の企画の流れと趣旨説明をさせていただきます。

今回、「コロナ禍における障害のある人たちの暮らしといのち、そして人権」のテーマのもと、実際の生活の場で、この間、何が起きてきたのか、それが私たちにどのような影響を及ぼしてきたのか、それらのことを受けて、今後私たちはどのようにしていくべきなのか、これからについて考えていきたいというのが今回の趣旨となります。

この後、障害者福祉の現場で豊富な実践経験をお持ちの渡邊恵美子先生からコロナ禍にあって

障害のある人たちの生活がどのようなものだったのか、実践現場からリアルな状況についてお話いただきたいと思います。ご講演の後、それを受けてのディスカッションを予定しています。それでは渡邊先生、よろしくお願いいたします。

コロナ禍での重度障害とともにある人たちの現実

渡邊恵美子

こんにちは。本日は花園大学人権週間企画「コロナ禍での重度障害とともにある人たちの現実」ということで、障害のある人たちの生活について、お話させていただきたいと思います。私は一九八五年、社会福祉学部になる前の花園大学文学部を卒業しました。その後、聾学校の寄宿舎でアルバイトをしたり、社会福祉法人京都国際社会福祉協力会で、重度の障害のある人たちの通所施設で仕事をしてきました。その最中に花園大学に社会福祉の大学院ができました。重度障害のある人たち、重症心身障害者といわれる方々をどうすればみなさんにわかっていただけるかと常々仕事をしながら思っており、一つは自分から発信する力をつけなければいけないと思って、花園大学に大学院ができた時、社会人入学をしました。

一九九七年に入学、二〇〇〇年九月、大学院を卒業し、その後も同じところで働いていましたが、人事異動があり、通勤がしんどくなって、二〇〇五年、この法人を退職しました。その後友人が立ちあげた「NPO法人暖（のん）」で仕事をし、ある日、「自分でやってみようかな」と思い、二〇〇九年一二月、「NPO法人まーぶる」を立ち上げました。その事業所でヘルパーの派遣事業、ショートステイ、デイサービス、二〇一五年から重症心身障害児放課後等デイサービスを運営しています。主に重度といわれる方々が、私がかかわってきた人たちとなります。

その方々とかかわっていき、これまでの出会いと別れの中で、何度も「いのちの重み」について考えさせられることがありました。「なぜ重い障害があるとされる人たちのいのちは軽んじられるのか」。専門家といわれる人たちの中でも、専門施設の場でも、その方への対応について「エッ」と思うことがたくさんありました。「重度の障害のある方だったから」と、それ以上、追及されないことがよくありました。

京都でも老舗の重症心身障害児といわれる人たちの専門施設で死亡事故がありましたが、たまたま私が勤めていたデイサービスで、私が直接担当していた方でした。また私自身の経験として目の前で起こった死亡事故として、私が勤めていた事業所で一人の方が誤嚥の窒息事故で亡くなったのです。私たち職員は「自分たちの至らなさが起こした事故だ」と思っていたわけですが、周囲の反応は「あれだけ重度の人だったから」「重度の障害があったから」と言われました。私たちを慰めるというつもりで言ってくださる方もあるのですが、この時、とても理不尽さを感じました。

事業所は事故が起こった時のために保険をかけています。事業所の中で食事介助をしていて、その時、窒息された。誤嚥で窒息されて亡くなった。でも保険が出なかったんです。なぜかというと、重度の障害があった上に、親がその方を一人で通所させていた。「そこで何かがあっても、死んでも、しょうがない」ということ、「重度の障害者だから、ここで亡くなったとしても保険料計算をする時の遺失利益はありません」ということでした。私たち働く者としても「保険って、なんなんやろう。この人たちの遺失利益がないというのはどういうことだろう」と、そういうことでも衝撃を受けました。

他の家族さんからは「あれだけ重度の人がデイサービスに通って仲間の人たちといる中で逝ったんだから、本人にしたら、よかったんじゃない?」と言われました。その方は二五歳で亡くなったんですが、「?」というのが今もずっと残っています。「世の中的には、そんなふうに見られるんだな、この人たちは」と衝撃を受けたことの一つでした。

最近の事件についても、障害のある人たちについて問題発言とされることがたくさん起こっています。相模原市にある津久井やまゆり園の裁判を耳にされた方もあるかと思いますが、元職員だった植松聖という人が大量殺傷事件を起こしました。当初は「こんな猟奇的殺人事件を起こすなんて」と、植松被告自身の精神的な課題、個人の問題とされていました。ですが、裁判やその後のさまざまな報道やインタビューをする人を通じて、何も彼だけが異常ではなく、彼を生み出す土壌というのが世の中にはあることがわかってきたんですよね。

また、五〇歳代のALSの女性患者さんの殺人事件がありました。全く面識がない医者とSNSで「死にたい」とやりとりをして、実際に亡くなられた。この事件の伏線としてNHKが制作した『彼女は安楽死を選んだ』というドキュメンタリー放送がありました。本人がそれを見て、番組の影響もあったということも、最近、言われるようになっています。

障害がある子どもが生まれないように出生前に診断を受け、「障害がある」と思われると中絶をする、出生前診断。LGBTの方々を指して「生産性のない人たちに税金を使うのはいかがなものか」という記事を週刊誌に書いた国会議員がいる。古い話ですけど、一九九〇年代に「ああいう人たちは人格があるのかね」と元東京都知事の石原慎太郎さんが言っている。

もっと最近では東京都足立区の白石区議、かなりベテランの方ですが、「LとかGとか、そういう人たちがたくさんになると足立区は滅びてしまう」との発言がありました。白石議員はその後のインタビューで「私の周りにはLGBTの方は一人もいない」と言う。こういう発言がたくさん出てくる。「いつまでも、まだまだあるのね」と、それなりの社会的地位をもっている方々が発言をする。

新型コロナにかかわって、患者の「トリーアージ、選別」が行われていたりもします。日本で、というより欧米の国々で行われているものですが、「重症の高齢者の患者さんから人工呼吸器、人工心肺ＥＣＭＯを外して、若い患者に回す、付け替える。日本でもそうするべきではないか」という議論が出てきたりしています。そもそも「六五歳以上のコロナ患者は治療をしない」という北欧の考え方もあり、それに同意する人たちも、結構出てきている。みなさんはどのようにとらえておられますか。「しょうがない」「だってね」と思われるのか、「ちょっと待って」と思うのか。

新型コロナウイルス感染症で私の身近に起こった事例があります。障害のある子どもたちが通う学校で、職員さんが「コロナウイルス陽性」となり症状も出てきた。保健センターも濃厚接触者を分けていく。その結果が親御さんに連絡された。「あなたのお子さんは濃厚接触者です。でも検査は受けなくていいです。検査を受けず、二週間自宅で待機してください」。連絡が入った時に一週間ほどたっていましたので、それから八日間、自宅待機。親御さんたちは「検査を受けさせてほしい」と言ったのですが、「いやいや、お宅のお子さんは検査の時、暴れるので危険です。まあ検査しても一〇〇％じゃないですからね」とも言われた。

当然、保護者は「なんで検査をしてくれないんですか?」「必要がない」と言われ、「自宅で様子を見てください。外には行かないでください」と。このことが障害のある子どもの家族にとって、どういう事態になっていくか、学校も保健センターの職員も全く想像できなかったのか。少なくとも私たちは、「学校の先生たち、わからないはずはないじゃない」と思うんですが、そういう配慮はなかったんですね。

どういうことかというと、「検査を受けなくてもいいです」と言われた複数の子どもたちの中には「行動障害」の診断がついている子どもさんもいました。急に飛び出すとか手を口にずっともっていく子どもさんもいます。親御さんは、普段から「この子はみなさんにご迷惑をかけている」という思いが募っている。その上に「この子が、もしコロナ陽性だった場合、口に手がいく。唾液のついた手で、そのへんを触る。だから家の中にいて、ということでいいじゃないか」と思われるかもしれませんが、子ども自身は何が起こったのかわからない。なぜ家に閉じ込められるのかわからない中でパニックになる。外に出られない。親子で家の中で一週間以上、過ごさないといけない。親御さんも子どもも、これはかなりのストレスですね。

そういう時のためにヘルパー派遣や、子どもさんの場合、放課後等デイサービスに行っていたりしますが、支援の側も、その子が検査を受けさせてもらえないので、陽性なのか陰性なのかわからない。陽性かもしれない。そこに入っていくことができない。そういう状況で一週間、過ごすことが、どれだけリスクが高いか、わかってもらえないことに「?」と思いました。

厚生労働省は一般市民向け「Q&A」を出しています。「濃厚接触者については速やかに陽性者を発見する観点から検査対象者とし、PCR検査を実施する」としています。「陰性だった場合も自宅待機してください」と、まず「検査をすること」を厚労省は示しています。けれども「あなたのお子さんは検査の時、暴れて危険ですから」と検査を受けさせてもらえなかった。「障害のある子どもたちは、なぜ除外されないといけないのか」と大きな疑問があります。

一見、「鼻に検査キットを突っ込むから危ないよね」と思われるかもしれませんが、この検査は、インフルエンザの検査と手法は同じです。「インフルエンザかもしれない」と疑われた場合、学校は「病院にいって検査を受けてきてください」と言う。しかしコロナの場合は「受けなくていい」と言われる。保護者も「なんでやろ、インフルエンザといっしょなのに」という疑問をおっしゃっていました。複数の保護者から、そういう声を聞きました。

自宅に軟禁状態だった中でどういうことがあったか。保健センターや学校からは健康観察として時間を問わず自宅に電話がかかってくる。朝早く九時前とか、お昼ご飯時とか夜七時すぎにかかってきた。アトランダムにかかってくる。すぐに電話に出なかったら「先程、電話に出られませんでしたが、どこに行っていましたか?」と「家にいなかったんじゃないか」と言われる。トイレにもケータイをもって入らないといけなかった。健康観察を細かくする。「しんどい、だるい、喉が痛い」と言えない子どもたちがたくさんいたわけですが、健康観察を細かく求められ、社会からの支援も受けられない。

親御さんで仕事されてた方も出勤できなくなったので収入も減る。シングルの方もいらっしゃいました。職場復帰した時、職場内では冷たい目線だった。「濃厚接触者やったんやて、あの人の子どもさん。親御さんもコロナもっているんじゃないの？」という目で見られた。「とてもストレスが高かった」とおっしゃっていました。

検査が受けられないというだけの問題ではなく、いろんな課題が出てくる。そこに対してすべて「親任せ」になる。そういう状況の中で「これはどうなんだろう」と。私たちは「障害があるからということでの差別になるんじゃないの？」と思っています。「障害がある人たちには、いのちを守る価値がないんじゃないかと思われているんだな」と感じてしまいました。一つは国会議員による「生産性がない人たちに税金を使うのは無駄」という発言があり、その発言者はダイレクトに「ＬＧＢＴの人」とおっしゃっていますが、「障害のある人たちに向けられている言葉と同じではないか」と感じています。

「生産性がある、ない」ということをどう考えるか。障害のある人たちは働くことができない。何をもって「働く」とするか。労働＝生産活動ということでいうと、「生産性が高い、低い」は貨幣経済でいう対価の多寡ですね。私自身も重度の人たちとかかわってきて、「ものをつくったり、仕事をできないよね、この人たち」と言われて、「じゃあ、この人たち、何をしていることになるんだろう」と考えた時期がありました。たまたま勤めていたところでは、重症心身障害者の利用される部署は私がいるところしかなく、他のところは授産施設、今でいう就労支援の事業所で仕事をしていた。私たちがいる部署は「働かないところ、遊んでいる」と思われていました。

ある時、「そもそも経済活動って消費者がいなければ、モノをつくっても売れなければ経済活動は回っていかないよね」と気づいたんですね。この人たち、大いなる消費者ですよね。確かに、医療費、社会保障費をたくさん使う。それは無駄なお金ですか？　彼らの存在によって生活が支えられている多くの人たちがいることも事実です。

社会福祉学部がある花園大学は、社会福祉の仕事をしようという人たちを養成する。彼らがいるから私の仕事がある。たとえば障害のある人たちを支える制度の中で、「重度訪問介護」の枠組みがあります。ヘルパー派遣でいうと、二四時間、重度訪問介護を利用して暮らしている障害のある人たちがいます。二四時間ヘルパーと過ごすとなると一カ月で約七二〇時間、そこにかかわるヘルパーには、その仕事がある。一人のヘルパーではありません。そこに給料が発生する。単純な報酬計算からいうと、月一三〇万の売上げがある。そのお金でたくさんの介助者、関係者の生活が守られている。成り立っていく。経済活動云々という話でいえば、お金のみに存在価値があるわけではないわけですが、わかりやすい話として出しました。

ある高校生の初恋についてお話しします。滑脳症といわれる病気がある方です。脳に空洞ができ、脳の実質がないところに水が溜まっている。空洞のところはその人によって差があります。また脳味噌に皺がない状態ですので滑脳症といわれます。こんな脳の状態の方は、ものを考えるのは難しいのではないか、重度の知的障害があるだろうと思われます。

この方はミラーディッカー症候群、主な症状が滑脳症で、てんかん発作がある。脳の発育状態としては在胎五カ月、おなかの中にいる五カ月目、妊娠五カ月目の状態だといわれています。この方が一八歳で初恋をした。私たちは「初恋やな」と言っていました。恋愛感情ってそもそも、という感じでとらえられますが、ほんまに恋をしたのか。

ある時、大学生のSさんが実習に来られました。彼はその方に好意をもって、いつもは学校が終わって放課後等デイサービスに来るんですが、ある時は、疲れて半分うとうとしていても、Sさんの顔を見るとパッと目が開いて、とってもいい、ほっこりした表情をされる。他のスタッフがそばにいくと「チッ」と舌打ちをする。「エッ」という感じでした。

ある時、デイから帰った時にお母さんがおむつを替えようと思ったら「アレッ」ということで「どうも射精があったみたい。ほんとに恋をしていたんだね」と。みんなでその時、「よかったね」という感じでした。親御さんも「自分の息子が恋愛感情をもつとか、そんなこと思っていなかった」と、とても喜んでおられました。そんなことがあります。この親御さんにとって、この方の存在は、とても大きいんですよね。

なかなか考えにくいこともあるんですが、「障害とともにある人の生活、いのち」をどう考えるか。「ああいう人って人格があるのかね」という発言をしたのは石原元東京都知事ですが、極端な健康志向、「健康こそ善だ」と健康を追求する。不健康はその対極で「悪」になるのか。「障害は悪ですか？」。その人なりの健康という考え方があるのですが、それは通用しない。「いのちをどうとらえますか？」。私のいのちは唯一無二のものですよね。私のいのちは他に替えがたいものですよね。私の家族のいのちはどうでしょう。唯一無二のものですよね。いのちって大切なもので「主体的なもの」であるはずです。

「障害のある人たちは社会に迷惑をかける」とか「不幸をつくり出す人」、この言葉は津久井やまゆり園の被告、植松氏の言葉ではありますが、この時亡くなった重い障害のある子どもさんの保護者、家族は、「この子がいてくれること、そのものが幸せだった」とおっしゃっています。「障害があるから不幸だと他人が決めることではないよね」ということが一つあります。人が「人のいのちに価値があるとか、ないということ、そのものが違うんじゃないか」と私も思っています。

今、世界全体がコロナ禍の中で不安が高まっている中で、より生きづらさを強く感じているのが障害のある人たちです。他にもマイノリティといわれる方々は生きづらさを強く感じていると思います。「障害がある人たちの生きる権利が守られるために何が必要なのか」、このことが新型コロナウイルス感染症がある中で、より鮮明になってきた。「考えないといけないことだよね」

と思わされている。私自身もそうです。

健康で労働を提供して税金を払える働き手になるかどうかで、いのちの重い、軽いが決まるはずはない。それは間違っていると思います。では具体的に、どうしていったらいいのか。私自身も、まだ答えがあるわけではありません。みなさんといっしょに「いのちをどう考えるのか、生きる権利が守られることは、障害のある人だけでなく、みんなの生きる権利が守られるには？」ということを、みんなで考え続けていきたい、考え続けることが大事なことだと思っています。ご静聴ありがとうございました。

座談会　コロナ禍における障害のある人たちの暮らしといのち、そして人権

渡邊恵美子・笹谷絵里・梅木真寿郎

梅木　次に後半の鼎談の部に入ります。先生方のご紹介をさせていただきます。渡邊先生には基調講演に引き続き、お話をいただきます。次に本学児童福祉学科専任講師の笹谷絵里先生です。笹谷先生のご専門は小児保健、小児看護、医療史、そして生命倫理です。最後に私、本学社会福祉学部教授の梅木真寿郎と申します。専門は社会福祉思想史です。以上の三人で、この後、ディスカッションを進めていきます。

まず、渡邊先生のお話を受けて、生命倫理がご専門である笹谷先生から、障害のある方の「いのち」の問題を一つの切り口としてお話しいただければと思います。

笹谷　渡邊先生のお話を伺って、障害のある方の「いのちの重み」について述べたいと思います。「いのちの重み」ということでは、みんないっしょのはずだと考えています。コロナ禍において、

いのちの線引きがあると先生のお話を伺って感じました。従来、道徳的には「いのちは平等だ」と考えられている中で、コロナの感染による死亡のリスクというものが、自らも含めて「いのちの重み」となった時、意識的に、あるいは無意識的に自分と同じいのちと考えるか、もしくは「上のいのち」と、残念なことですが、「下のいのち」という線引きをしてしまっている状況があるのではないでしょうか。「下のいのち」とされているのが障害のある方や高齢者の方たちではないかということを感じました。そのため、もう一度、今回のテーマ「いのちに差はない」ことを、今考えることが人権の根本につながるのではないかと感じました。

梅木　笹谷先生から大切な話がありました。一つは「いのちの選別」の問題について。「いのちには差がない」と。私たちが人権の問題を考える時、なぜこれを問題にせざるをえないのかというと、そこに疑問符があるからなのかなと思います。渡邉先生は現場におられて、いろんな体験がおありかと思いますが、具体的に教えていただければと思います。いかがでしょうか。

渡邊　「いのちの重み、いのちは、みんな平等」と、道徳的にはそうであり、みんなわかっていることだと思います。しかしコロナ禍で「自分が感染したらどうしよう、自分の家族が」と思った時、自分の目の前にいない人のことはどうでもよくなる、そうなりがちだろうなと思う中で、「障害のある人」となると、私たちでさえ制約される。コロナ禍で動きが制限される中、彼らであればなおさら「あたりまえでしょう」と「下の人」をつくっていくことで安心感をもつのかなと思うんですね。

仮にコロナ禍でなくても以前から感じていたのは、「重い障害のある人だから亡くなったとしても仕方がないよね」という表現がされる。いや、この状況で亡くなったとしても、たとえば虐待死だと思っても、「ネグレクトによるのは虐待死ではない」とか、ニュースにもならない。「障害がある人たちだから亡くなったんですよ」と片づけられてしまうことは実際にあります。そこは触れてはいけないことになっちゃう。そういう意味では障害のある人たちに対して、そもそも、すべて「障害のせい」にしてしまうということがありますね。

梅木　「障害が重いから○○」ということが日常的にあると？

渡邊　「この人たち、こういう人だから」というような言われ方をする。「どういうこと？　こういう人って」と思うんですけど。

梅木　以前、横塚晃一さんの『母よ、殺すな』という本を読んだことがあります。まさにその問題の核心が、今おっしゃった部分なのかなと思いました。障害の重いお子さんを抱えて介護している、その中で切羽詰まって、思い余って、わが子に手をかけた。その時、「障害が重いから」という動きから減刑嘆願の署名運動が始まったという歴史的な部分を思い起こしました。この時に表れた問題は現在も進行形だと？

渡邊　そう思いますね。はい。

梅木　笹谷先生から、何か医療現場におられて感じるところはございますか。

笹谷　妊娠中から生まれるまでが私の研究分野ですが、「障害があるからいや」と思う。その子が生まれてきて目の前にいる状況ではなく、おなかにいる時、障害があること自体を拒否する。どんな障害かわからないにもかかわらず、「障害がある」「障害」という括りで「いやだ」と感じてしまう。「健康な子がほしい」という希望をもっている方もすくなからずおられます。

梅木　出生前診断で「障害がある」となると、そこで「いのちの線引き」をする。残念ながら統計の値にも出ていますよね。

渡邊　そうですね。出生前診断（NIPT：新型出生前診断）が血液検査でわかるようになってから、「おなかの子どもさんに障害があることが強く疑われますよ」と言われた時点での堕胎率が九〇％以上。

笹谷　確定してしまうと九五％以上の方が中絶に向かわれる。

梅木　道徳的な問題でいうと確かに平等です。だけれども私のこととなると途端に変わってくるのかなと。一人称、二人称だとそうなるけど、三人称になると他人事になって「この問題を片づけてもいいか」となってしまうと思えてしょうがないんですけど、私たちはそのあたりを、どう乗り越えていけばいいんでしょうか。

渡邊　現場で障害のあるご本人とかかわっていると、決して「どうでもいいいのち」ではないんですよね。「障害のある子が生まれたら大変だから」「障害をもって生まれたら、この子も幸せにならない」「家族の負担が大きい」ということで、障害のある子どもができたところで堕ろしたいと。通常はそうではなく、子どもができたら「おめでとう」と言われることですよね。けれども、「障害がある」と言われた時点で「もういいです」となる。ほんとうは生まれてきた時、それに十分、対応できるための出生前診断であってほしいと思うんですが、そうではなく、「生まれてきたら大変だからね」となる。

それはまさしく福祉にかかわっていて、いい福祉制度ができていくための支え、精神的なものもありますけども、それだけではない。現実に大変であり、経済的にも精神的にも支えてもらえない、そこがクリアされて、「障害があって生まれても大丈夫だよね」という世の中がこないのかな、つくらないといけないなと思うんですけど、大変さが先にくるということなのかなと思います。

梅木 まさにそこの部分を、どう追求していくか。障害のある方に寄り添っておられる実践現場の本質的な部分なのかなと思った次第です。「いのちの重み」を考える時、いのちに対して何をもって「価値あるもの」と考えるべきでしょうか。そのあたりについて何かありますか?

渡邊 「何をもって価値があるのか、ないのか」という?

梅木 お話の中で「生産性がある」とか「ない」とかについて触れられて、いのちの重みを考えた時、人工呼吸器を誰につけるかという資源配分の問題とか、なぜか障害があったり、ご高齢であることをもって、「いのちの価値、重み」に違いがあるような取扱いが、いとも簡単に議論されている気がして悔しい気持ちがするんですが。そのあたり、どう考えたらいいんだろうと。

渡邊 果たして議論されているんでしょうか？

梅木 なるほど。議論すら、あやしいということですか？

渡邊 そうでしょう。私は、そういうふうに感じることがあります。

梅木 まずはそのことについてしっかり議論するところから、でしょうかね。確かに海外の報道もあったりしますけど、それを熟議しているのかということですね。笹谷先生、思うところがありましたら。

笹谷 そもそも生まれてこられない子もいる。同じ疾患をもっていても、ある子は生まれてきて、ある子は生まれてこられない。個別性が高いことなのかなと思います。生まれてきて生きていて、すべて価値がある。障害の有無も、生まれてきて生きていることに価値があると私自身は感じました。同じ障害であっても個別性が強い。Aだから呼吸器がいる、Bだから呼吸器がいらないではなく、その人一人ひとりが違う。だからこそ「価値がある」という議論になる。ひとまとめでAという疾患ではなく、一人ひとりを見ることが大事かなと、そこに価値があるのかなと思っています。

梅木　渡邊先生のお話の中で「重度障害のある人のいのちが軽んじられているのではないか」と。「いのちとは唯一無二のものである」「いのちとは、まさに主体的なものである」と感銘を受けるお話でしたが、私たちにとっての「いのちの価値とは何なのか」を考えた時、「存在していること自体が最大の価値」になるのかなと、お話を聴いて改めて実感させていただきました。

では次の話題に。障害のある子の生活について着目していきたいと思います。新型コロナウイルス感染症で陽性かどうかを判断するにあたり、ＰＣＲ検査を受ける、または受けないことを報道でも耳にしますが、この点について、もう少し具体的に、どんなことがあったのかをお話をいただいた上で議論していければと思います。

渡邊　ある学校の先生が「陽性で症状も出た」とわかった時点で夏休みに入った。子どもたちがその先生と接触したのは夏休み前ですが、陽性だとわかったのが夏休みに入ってからで、タイミングが悪かった。保健センターと学校で、濃厚接触があった人と、そうではない人の疫学調査をする。各家庭に電話がかかってきて、「あなたのお子さんは濃厚接触者として判定されました」と言われた時点で、保護者は「これから検査を受けるんだな」と思った。だけども「あなたのお子さんは検査を受けなくていいです」と言われた。「なぜですか？」「あなたのお子さんは検査の時、暴れるので危険なので検査を受けなくていいです」「受けたいです。受けさせてください」「いやいや、検査自体、一〇〇％の確率じゃないですから。これから自宅で健康観察してください。家から出ないでください。またおいおい連絡しますので。以上」と。

「あなたのところは濃厚接触者ではありません」と連絡が入ったご家族は、夏休みあけ、どうだったか。「先生や生徒が検査を受けて陰性だったのか」という情報も一切ない中で、八月二四日から学校が始まった。全く説明がない。「うちの子は濃厚接触者じゃないですよね」となった人たちも、「学校にいって大丈夫なのか、広がっていないのか」と心配になる。情報もない。とても不安をもちながら「学校にいきません」という方もいた。「情報がわからない」ということで。そのことを学校サイドや保健センターはどうとらえているのかということが一つ。

「受けなくていいです」と言われた人は自宅待機で健康観察をする。家の中にずっと閉じ込めることの大変さもある。数人、PCR検査を受けることができた人たちも、「陰性」となっても「自宅待機してください」というのが厚労省の方針ですね。それはそれで閉じ込められる。事業者は「陰性」とわかった時点で「ヘルパーが入りますよ」と言ったんですけど、事業所によっては「そうはいっても、わからへんし」と支援に入らないところもありました。

梅木　そういう状況だったと。医療現場が「PCR検査をしない」と判断をしたわけですね。医療の現場で今、何が起きているんだろうと素朴に思うんですけど、笹谷先生に医療の立ち位置から医療の現場で何が起きているのかを教えていただけるとありがたいのですが。

笹谷　コロナ禍で患者数が増えていった時に、PCR検査をする人員も、PCR検査のキットもある程度決まっていて、「誰に使うか？」というところで選別があったのかなと思います。その中で「誰を優先し、誰を排除するのか」という判断が行政や病院で一定数、あったのかなと感じます。普段ならインフルエンザの検査は受けている。普段は障害を含めて多様性は自明のこととして感じていると思いますが、コロナ禍のもとでは「何々すべき」という状況があったのかなと感じます。

「知的障害があるとか静かに検査を受けられない人は検査すべきではない」とか「高齢者より若者の治療が優先されるべき」というＥＣＭＯの話や、「障害があるなら我慢すべき」という、他者への寛容性が失われている状況が社会にもあり、医療現場にもあったのかなと感じました。排除ではなく、他者を受け入れる寛容性を、コロナ禍をきっかけに考えるべきことなのかなと思いました。

梅木　医療現場で「管理」という部分が濃厚に出ていたのではないか、障害者福祉を考える上で「管理」と「支配」は重要なポイントではないかと思います。障害をめぐって、健常者による「支配」や、今回、医療という専門職による、ある意味「管理」がなかったのかな、どうなのかなと気になるんですが。

渡邊　最初、全国的に感染者が増えていった時、「医療崩壊を防ぐため」とか医療サイドの話が言われていたんですが、実際に電話をして「あなたのお子さんは検査を受けなくていいです」と言ったのは保健センターの保健師さんです。確かに医療ですけど、保健センターの保健師さんは、会ったこともないから、その子が暴れるかどうかは知らないはずです。その情報は学校サイドから出ていると思います。ＰＣＲ検査を受けることができた子どもさんの保護者から、「病院で検査を受けた。ドクターは『検査した方がいいんだけれども、させてくれないんです』」という話を聞いておられます。行政の判断、学校も含めて、そこに違和感があります。本来、この人たちの「生きる権利」を率先して守るべき人たちが「選別」したことに、違和感がとても強くあります。「医療崩壊」とかいう中で、医療者が「検査してもね」とか「暴れるし」とか、それはもちろん、よくないですよ。でも理屈は、わからなくはない。でも「暴れていやだ」というのなら唾液でやればいいじゃないですか。多少、精度は下がるといわれていますけど、何もしないと支援は全然入れないわけで。であれば唾液でも、すぐできます。でもそういう選択もされなかった。ドクターは「いや、検査した方がいいと思うんだけど」とおっしゃっていたと。では「どこが止めたの？」という話ですね。

梅木　難しい問題ですね。医療崩壊が根っこにあり、それが影響しているのかなと。それでも問題だと思いますが、そうではないと聞くと、「社会的障壁」が限りなく高く聳え立っているなと実感させられた気がしますが、笹谷先生から何かございますか。

笹谷　行政機関の保健師は、その子を知らない。情報は学校から流れている。「この人は検査しない方がいい」というネガティブな情報が共有されてしまっていることは残念な部分かなと感じました。

梅木　共有する情報が、みんなが「あたりまえにしていることを、あたりまえにするために用いられている」ならばウェルカムだと思いますが、そうではなく、「あたりまえにみんなが受けていることを、あたりまえに受けられないために情報が使われている」ことに、憤りを感じますね。

渡邊　親御さんたちがおっしゃったのはインフルエンザの検査といっしょですよね。「インフルエンザかもしれない。急に熱が出て休みます」と学校に言うと、「病院に行って検査を受けてきてください」と言われる。この差は何だと。

梅木　確かにそうですね。「ノーマライゼーション」という言葉があっても、なかなか難しいと感じましたね、ほんとに。「ノーマライゼーション」は、そもそも個人が変わるのではなく、社会が変わる、まさに社会モデルの発想だと思いますが、何か「個人に責任を求めている」節を感じて残念な思いがしますね。

最後にこの質問をせずに閉じるわけにいかないと思いますのでお伺いします。「障害のある人たちの生きる権利、それが守られていくためには何が必要なのか？」。この点について一言、頂戴できればと思います。笹谷先生からお願いします。

笹谷　「障害のある人たちの生きる権利が守られるためには何が必要か？」。一番考えたのは「障害の有無ではなく、すべての人の生きる権利が守られることが必要なのかな」と。それが「いのちの重み」と同様の点かなと思いました。その中で「障害者や高齢者が選別されないためにはどうすればいいか」を考えなければいけないのかなと思います。この後、ワクチンが開発された時や、ＰＣＲ検査のもとで人工呼吸器などの資源の取り合いにならないためにはどうしたらいいか。一人ひとりが考えていく中で「他者を思いやる心」が必要な点なのかなと思いました。

花大生の身近な一歩として、学生さんは五、六限目が終わって帰る時や、バイト帰りのしんどい時、電車で座っていても、高齢の方や障害のある方が乗ってこられたら、自分も「しんどいな」と思いながらも他の人に席をかわる。そんな身近な一歩を始めてもらえればいいかなと思いました。

梅木　ありがとうございます。渡邊先生からお願いします。

渡邊　「障害のある人たちの生きる権利が守られるためにどうするべきか？」ではなく、「障害がある、なし」ではなく、人が生きていくために、人のいのちをどう考えるかということでは、「障害がない」とされる人たちも、しんどい状況になると、より下にある人たち、障害のある人たちを当然のように切り捨ててしまう。みんなが生きにくさを感じることが少しでも少なく、社会全体の余裕、生きていくための余裕が、全体にもう少しできてくると、「あなたも私も権利を守る」という堅い言葉ではなく、「あなたも私も」ということが生まれてくるのではないかと思っています。

梅木　なるほど。私自身、「障害のある人たちの生きる権利」という問いを立てたこと自体、実をいうと私自身の偏った見方があったかもしれないですね。「すべての人が生きるために、どういう権利が守られていくのか？」と考えるのが重要だったのだろうなと思わされました。コロナ禍の中で「私たちの人間性」が試されているのかなと感じました。「私たちが変わる、まず私が変わる。社会を変える前に、まず私が変わる」ことが必要なのかなと痛感しました。

また「想像力」を私たちはもつべきだとも思いました。「ＰＣＲ検査を受けなかったらどうなるんだろう」と思いめぐらせばわかりますよね。「想像力の欠如」、その結果、何が起きるのかがわかっていなかったと思います。私たちの一つひとつの発言や行動が他者にとってどのような意味があるか、どのように影響があるか、そのあたりについて想像力を働かせていきたいなと思いました。

本日のテーマ「コロナ禍における障害のある人たちの暮らしといのち、そして人権」とについて個人的な感想で総括に代えさせていただきたいと思います。先生方のお話を聞いて強く思いましたことは、「新型コロナウイルス感染症と人権」という切り口で人権週間のテーマにしてきましたが、「今、新たに差別的な問題が生じてきた」のではなく、そもそも私たち一人ひとりの心の中に以前から潜在的に存在していた「偏見」や「差別的な感情」が、コロナ禍という有事的な、危機的な状況になってワーッと一挙に噴出してきたのかなと、このことを実感としてもった次第です。私たちは、これまで「差別」という問題を考えてきた知恵があると思うんですね。それが改めて問われているのかなと感じました。だからこそ私たちがこれまでも大切にしてきたことですが、「知ることからすべてが始まるんだな」と実感しました。まずは自分自身を見つめ、自分から変えていくことをしっかり胸に刻んでいきたいなと思った次第です。

本日は「コロナ禍における障害のある人たちの暮らしといのち、そして人権」について考えるというテーマで示唆に富むご発言を先生方からいただき、ありがとうございました。とても有意義な時間になったと思っています。それではこれで人権週間特別企画「コロナ禍における障害のある人たちの暮らしといのち、そして人権」を閉じたいと思います。最後までご視聴いただきましたみなさん、どうもありがとうございました。

（第34回花園大学人権週間・二〇二〇年一二月四日〜十日配信）

集まれないけど、つながるために
～コロナ禍と子どもの人権

幸重忠孝・宇都宮浩生・小林光長・吉永純

吉永　進行役を務めます社会福祉学部教員の吉永です。今回の花園大学人権週間は新型コロナ感染症の関係で、一つの教室にみんなで集まって講演を聴くことができない状況です。そこで、動画でみなさんたちに人権について考えていただきたいということで取り組んできました。今回は子どもたちの人権に焦点をあてて、「集まれないけど、つながるために～コロナ禍と子どもたちの人権」として、みんなで意見交換していきたいと思っています。

最初に本日のゲストの幸重忠孝先生からのお話を聴きたいと思います。幸重さんは花園大学出身で、現在大津市で、ＮＰＯ法人こどもソーシャルワークセンター理事長をされています。実際に生きづらさを抱えた子どもたちの支援をされています。特に新型コロナウイルス感染症の関係で学校が急に休校になり、緊急事態宣言のもとで子どもたちの育ちに影響を及ぼしていますが、その中で子どもたちの目線に立って支援をされています。それでは幸重さんからのお話を聴いていきたいと思います。よろしくお願いします。

集まれないけど、つながるために～コロナ禍と子どもの人権

幸重忠孝

みなさん、こんにちは。「NPO法人こどもソーシャルワークセンター」で理事長をしている幸重といいます。本日は「子どもの人権」についてお話をさせていただきたいと思います。三つの話題を申し上げます。まず私が、どんな経歴から活動をしているか、私自身のプロフィールについて。二つ目は本論として「コロナ禍での子どもたち」についてのお話。小道具を使います。三つ目は「学生さんたちに向けて」、お話をさせていただきます。

私は岡山県出身の四七歳です。花園大学社会福祉学部社会福祉学科を一九九七年に卒業してい

ます。大学院の社会福祉学研究科を二〇〇〇年に修了。二〇年前、このキャンパスで学んでいました。花園大学の大学院は社会人が履修しやすい仕組みになっていまして、私も児童養護施設で仕事をしながら大学院で学びました。大学院修了後、ご縁があって学生から教員として社会福祉実習指導室で仕事をさせてもらっていました。その後、滋賀県に移り、短大教員もしていました。二〇代後半〜三〇代前半は大学教員として働きました。そして三〇代半ば、学生時代から目指していたスクールソーシャルワーカーになるべく大学教員を辞めました。

この頃から日本の学校にソーシャルワーカーという福祉の専門家が入るようになりました。学生時代、この大学で勉強して、海外にはスクールソーシャルワーカーがいて学校で働いていることを学びました。当時は日本では職業として存在していなかったので、「いつかなりたいな」と思っていました。いよいよその制度が日本に出来るということで、現場に戻るのにちょうどいい時期かなと思って、三〇代半ばからスクールソーシャルワーカーの仕事をやっております。

現在、花園大学でもスクールソーシャルワーカーの養成課程があるということで、大学院時代の仲間が教えていると聞いています。花園大学の後輩とも今後、学校現場でいっしょに仕事をできればいいなと思っています。

ということでスクールソーシャルワーカーを一二年やっています。それをしながら二〇〇九年、「ＮＰＯ法人山科醍醐こどものひろば」という民間団体の代表になり、その活動を経て、滋賀県大津市で「ＮＰＯ法人こどもソーシャルワークセンター」という団体を立ち上げ、現在、理事長をしております。

さて、「ＮＰＯ法人こどもソーシャルワークセンター」はどんなことをしている団体なのか。制度に基づいた福祉の施設とは違い、民間の独立型社会福祉士の事務所です。このセンターには、家庭や学校で生きづらさを抱えている子どもたちや若者がやってきます。生きづらさを抱える子どもたちや若者たちとはどんな子どもや若者たちか。家庭で虐待や貧困など、本人の力ではどうにもならないことに苦しんでいる子。学校がしんどい、例えば不登校やいじめに巻き込まれている子。子どもたちにとって多くの時間を過ごす生活の場である家庭や学校で安心安全でない子どもたちがセンターにやってきます。

もう一つの特徴は、このセンターでは一度に一〇人、二〇人も子どもたちがいるということはあまりありません。二、三人の子どもたちが週一回きて、そこで過ごす。つまり月曜日に来る子ども、火曜日に来る子どもと日によってメンバーは替わります。その時にかかわってもらうのは地域のボランティアさんたち。大学の学生や地域のおっちゃん、おばちゃん、おじいちゃん、おばあちゃんが、「何か自分たちで手伝えることはないか」と子どもの勉強を見てもらったり、遊んでくれたりしながら、子どもたちが元気になる場所です。

センターでは、先生とかそういう立場の大人がいないことを大事にしているので、基本的にニックネームで子どもも大人も呼び合っています。私は「ゆっきー」という名前で呼ばれています。興味があればホームページを見てもらったり、活動を紹介した本も出していますので読んでみてください。

さてここからはコロナ禍の子どもたちの話。小道具として紙芝居を使います。つれあいにつってもらいました。つれあいは同級生で花園大学出身です。みなさんも学生時代の仲間を大事にした方がいいですよ。卒業してから大学の仲間で集まっていて、その時に彼女を紹介してもらいました。卒業後もつながりがあるのは花園大学のいいところですね。

では早速、コロナ禍の子どもたちの話をしていきます。さて、はじまり、はじまり。

「NPO法人こどもソーシャルワークセンター」では、生きづらさを抱える子どもたちが、毎週、月曜日、火曜日とやってきます。二月下旬、総理大臣が突然、「来週から日本中の学校をすべて休校にして欲しい」と宣言されました。私が活動している滋賀県でも翌週からすべての小学校、中学校が休校になりました。休校ということは家で過ごさないといけない。センターに来ている子どもたちは家で過ごすことが困難な子どもたちもたくさん通ってきます。一体どうなるんだ。

給食だけが栄養のある安心できるご飯なのに、というある子どもが気になりました。親御さんが元気だったらいいけど、病気を抱えて、子どもが学校にいっている間だけちょっとゆっくりできていたのに、子どもたちがずっと家にいると、親御さんはどうなるのかなとも考えました。「コロナ禍で学校を閉めるというけど、センターを閉めるわけにいかんな」と。

あと、地域には「家では大変だけど、学校で支えてもらっている子どもたちもたくさんいる」ことをスクールソーシャルワーカーとして知っていましたので、この子どもたちも受入れ先が必要だということで、センターとしては目一杯、朝から晩まで、月曜日から日曜日まで毎日、子どもたちを感染対策をしながら少人数で受け入れました。少人数だから感染リスクも少ないというのも大きかったです。そこで出会った子どもたちの話を、今からしていきます。

三月、突然の休校になった子どもたち。学校が充実している子どもたちは休校で「ショックだ、卒業式はどうなるんだ」と落ち込んでいたと思います。正直なところを言うと、センターに来ている子どもたちは、学校であまり勉強についていけていない。友だちもあまりいないという子が多いので、そういう子どもたちは学校が休校になったことで、「ワーイ、朝からゆっくりできる」。いつも「学校に行く、行かない」で親ともめていたけど、もめなくていいや。という感じで、子どもたちはセンターで楽しく過ごしていたというのが、三月の最初の頃の子どもたちでした。

ところが、そんな楽しい時期もずっと続くわけではなく、いつ休校が終わるかわからないということで、子どもたちも保護者も、ちょっとずつ様子が変化していきます。さあ、四月になりました。新学期スタート。本格的に学校が再開かなと思ったら、一週間ほど再開した後、「緊急事態宣言」が出て再び五月末まで長い休校が始まることになりました。三月頃、最初は楽しく過ごしていた子どもたちも、この頃にはストレスがどんどん溜まっていきました。

ストレスの出方は子どもによってマチマチでした。ある子は「コロナが怖い」。だってテレビをつけたら「治療薬がない、コロナで死ぬかもしれない、あの芸能人が亡くなった」ということばかりやっている。家にインターネットがあって勉強しやすい環境にある子どもたちはいいんですが、経済的な事情で家にインターネットの環境がなかったり、親が「こういうのがあるよ」と学習や遊びを出してくれない子どもたちは、することがないからテレビを見るしかない。でもテレビからは怖い情報しか入ってこない。横に大人がいたら「大丈夫?」と声をかけてくれるんですが、それを言ってくれる大人もそばにいない家庭の子は不安になって、外に一歩も出られなくなってしまいました。

この頃から、センターでは家の玄関まで車で迎えに行って、センターで安心して受け入れをする工夫もしていました。「おなかが空いた」。そうなんですよ。給食が唯一まともなご飯だった子どもたちがいます。一カ月くらいはそんな環境を乗り切ったんですが、この頃になると朝ご飯、晩ご飯を家でしっかりとれていない状態が当たり前になっていました。朝、子どもを迎えに行くと「朝ご飯食べた?」「食べてない」。お昼から来る子を迎えに行って「お昼どうした?」「食べてない」「朝も食べてない」。そういう子が出てきて、センターでは朝から晩までご飯をつくって食べるということを繰り返していたり、食材や食料を各家庭にもっていくことが増えていました。

あとはセンターに来る子どもたちが、すごい大きな声で歌を歌う。一軒家ですが、センターの中を走り回る。体力があり余っている。狭い家で暮らしている子は大きい声で歌うとかもできない。親や、上のきょうだいから「うるせぇ」といわれる。そのような家庭の子どもたちがセンターにきてユーチューブを流しながらガンガン歌っていました。ステイホームですごくストレスを感じていたのが伝わってきました。

さていよいよ五月、この頃になると「五月末には緊急事態も終わって学校が始まる」ということで、次に何が問題になってくるか。勉強の遅れですね。四月当初は学校もガタついていましたが、ゴールデンウィーク前からどんどんプリントがやってくるわけですよ。私立学校は別でしょうけど、大学のようなオンライン授業の仕組みが、ほとんどの小学校、中学校にはないですから、プリントが大量に各家庭に届きます。

そうなると家で親がゆっくり勉強をみられない、勉強する環境がない子どもたちはプリントが溜まっていく。親は「なんでこれをやらへんの」。様々な事情で親が勉強を教えてあげることができない。塾に行っている子はオンラインで個別にみてもらえますが、そうでない家庭は本当に大変でした。勉強の困りごとで子どもたちも困る、親御さんも、そのことにどうしたらいいかわからないということで、互いにストレスを溜めていたのが五月の時期だったかなと思います。

この三ヶ月間、行政と呼ばれる市役所の福祉窓口、学校など、今まで子どもたちをみてくれていた公的機関がコロナによって機能しなくなりました。またそのことで公的機関と家庭との間で大変な断絶がたくさん起きてしまいました。その間をつなぐこともさせてもらいました。行政の方も「何とかしたい」という気持ちはあるが、うまくいかない。危険な家庭環境にいる子どもたちを児童福祉では最終的に保護することもできるわけです。でも保護先も「コロナが心配だ」とか、学校などから保護が必要という情報がないとかで、動きは鈍かったです。

この三カ月で何人か家出をする子どもたちとセンターでかかわりました。本来だとすぐ保護できるはずなのに、なかなかオーケーが出ない。悪気があったわけではなく、コロナのことで公的機関は対応が難しいということを感じることが多くありました。

そして家庭の中でもいっぱい困り事がみえてきました。送り迎えの中で親御さんの困り事や、だんだんやつれていく様子がありました。精神的に不安定な保護者さんは、コロナによってより不安が増し、そのあたりの様子を早期にキャッチすることも多かったかなと思っています。

ということで四、五、六月の子どもたちのお話はいったんおしまいにしますが、この紙芝居はちょうど緊急事態宣言が終わったころにつくりました。あれから夏がきて秋がきて、どうなっているか。学校は始まり、子どもたちが学校に通うようになり、通常通り、福祉も機能し始めましたが、秋以降、経済的に苦しい家庭が一気にガタついてきたなと感じます。

夏までは国の給付金、社会福祉協議会を中心とする貸付金で何とかお金をやりくりしていた。自営業で大変な家でも持続化給付金などを使い、いろんな制度で息継ぎをして秋までがんばってきましたが、それ以降の支援が見えない中で、確実に経済的な問題が家庭に影をさしています。学生のみなさんも学費の支払いなどで感じていることかもしれません。この問題は今後も継続していくので、あとで後輩のみなさんといっしょに話をしていこうと思います。まだまだ続いていく。コロナ禍の中での子どもたちの話は、一応、ここでいったん終わらせてもらいます。

最後に学生のみなさんへ、自分の学生時代の話をしてエールを送って終わろうかなと思います。二〇年前の話で今とは違いますが、振り返って考えると学生時代もいろんなことがあったなと思います。二回生の時、一九九五年一月、阪神・淡路大震災がありました。忘れもしない。ちょうどテストの初日だったんです。京都の山科に下宿していました。ほんとにすごく揺れて。当然、大変なことになりました。その年は大学でもいろんな配慮もされて、もとの生活に戻るまでは半年はかかったんですけど、その間、福祉を学んでいる自分としては、いてもたってもいられなくなりました。

当時、阪急電車が西宮北口までは早くに復旧していたので、現地に行けました。被災地で何か活動をしたい。今のように「ボランティア」という言葉があたりまえでもなく仕組みもない時代だったんですが、花園大学の人脈を使って現地でボランティアをさせてもらいました。その三、四カ月間の体験はすごく大きな出来事で、現場から学ぶこと、人権についていろんなことを現地で感じました。現場も大事ですが、ゼミが始まる時期だったので、持ち帰ってみんなで話しあったり、大学の先生と話をしたりして、深まったことを思いだします。

もう一つは四回生になった夏の日のことです。「山科醍醐こどものひろば」という民間団体で、学生時代からボランティアをやっていました。ユースリーダーをやっていて、そこのメインイベントで年に一回、一〇〇人近い子どもたちを連れてキャンプにいく活動がありました。スタッフの学生たちは一年近く準備をして「さあ、いよいよ、学生時代の集大成だ」と個人的にも張り切っていたのに、この時期に起こったのが、〇‐一五七という食中毒。日本中で大騒ぎになり、子どもも何人も亡くなりました。不衛生なところに子どもをやりたくないという空気が社会に蔓延。一〇〇人近い子どもたちが申し込みをしていて、子どもたちと共に準備もしていて、あと一カ月ちょっとでキャンプに行くというタイミング。この食中毒で社会がパニックの中、私はキャンプの実行委員長をしていたので、決断を迫られたわけです。

中止にした方がいいのか、強行して行くのか。ここで自分が大事にしたのは、この大学の学びの中で培ったことかもしれませんが、子どものためのキャンプだったので「子どもの意見を大事にしよう」と動いたことです。親、スタッフ、子どもとみんなが同じ意見にはならない中、無理にキャンプに「行こう」といったら親御さんの中には、きっと「子どもを参加はさせません」という家庭が出て、子どもは悲しい思いをする。そこでその年は三泊四日のキャンプを日帰りの日替わり企画に切り替え四日間連続にすることにして、何とか誰一人こぼすことなく参加出来る対応にしたんです。振り返って考えると、今、コロナがあって「幸重さん、よく活動したね。なんでやったんですか？」と聞かれますが、学生時代に同じようなトラブルを経験したことが生み出した結果と思っています。

みなさん、今のコロナ禍でのこと、学生時代に経験していることは、すごく社会や人権について考える機会になり、将来にきっと役に立つと思います。この後、後輩のみなさんと「コロナ禍の子どもたち」について考えていきたいと思います。話題提供ということで私の話をここで終わらせてもらいます。ありがとうございました。

座談会　集まれないけど、つながるために～コロナ禍と子どもの人権

幸重忠孝・宇都宮浩生・小林光長・吉永純

吉永　本日は、子どもたちの支援をやっている花園大学のボランティアグループの中から、二つのボランティアグループの学生に来ていただき、話をしてもらいたいと思います。お一人は花園大学社会福祉学部社会福祉学科四回生の宇都宮浩生さんです。宇都宮さんは中高生の学習支援のボランティアグループ「右京学習会ひまわり」のコーディネーターをされています。もう一人は花園大学社会福祉学部臨床心理学科四回生の小林光長さんです。小林さんは子ども食堂「京都Tera.Coya」の代表を務めておられます。それぞれの活動の内容についてご紹介いただければと思います。はじめに宇都宮さんからお願いします。

宇都宮　私は「右京学習会ひまわり」という、中学生や高校生を対象とする学習支援のボランティア団体に所属しています。「ひまわり」では、現在毎週木曜日一八時～二〇時まで二時間活動

しています。メンバーは約二〇名、子どもたちは毎週五～八名ほど参加してくれています。活動内容については、子どもたちの過ごし方としては、勉強する子どもがいたり、ボランティアと話をしたりして、子どもたちが、今やりたいことを尊重しながら活動するボランティア団体です。

吉永 それでは京都 Tera.Coya の活動について小林さんからご紹介ください。

小林 子ども食堂に一回生のときにボランティアに行かせていただいたことがきっかけで、現在は左京区で学生たちといっしょに子ども食堂「京都 Tera.Coya」を開催しています。今、コロナ禍で以前のような状態では開催できていないのですが、以前は、子ども食堂と学習支援を開催し、そこに子どもたちが三〇～五〇人、学生二〇人くらいが集まってやっていました。現在はコロナで、お弁当の配達活動をしていますが、その中で変化していくことなど感じることもたくさんあったので、今日はそのへんのことをお話しできたらと思っています。

吉永 それぞれの活動内容を理解できたかと思います。今回、新型コロナウイルス感染症でいろんな活動に支障を来し、その中でどんな工夫をしてきたか。いろんな経験があったかと思います。「集まれないけど、つながるために」、いろんな努力をしてきたと思います。

学校が休校になり、緊急事態宣言のもとで活動を休止せざるをえなくなった。その時、どうやって子どもたちとつながろうかとスタッフでの議論もあり、子どもたちの変化もあったと思います。その後、現在、活動が再開して、形を変えてやっておられると思いますが、現状ではどのような活動をされているか紹介していただき議論していきたいと思います。

最初に、学校が休校になり、緊急事態宣言の中で、子どもたちの活動はどう変化したのか、そこでの子どもたちとのつながりを、どうつないでいくかという経験についてお話いただきたいと思います。宇都宮さんから。

宇都宮　「ひまわり」では四月、五月、活動を自粛しなければいけない状況に陥り、約二カ月間、ボランティアと子どもたちが顔を合わせることがほとんどない状況でした。そういう中でもオンラインを活用しながらボランティア同士で話し合いをして、ボランティアの意見から「今、自分たちでできることを精一杯やろう」と前向きな意見がたくさん出て、チームとして取り組んでいこうと、四、五月は取り組むことができました。その取り組みの一つをご紹介できたらと思います。

僕たちが取り組んだことの一つとして、「学級通信」に似せた手紙形式のものをボランティアが作成し、子どもたちに郵送する形をとりました。「オンラインやツールを使ってもいいのではないか」という意見もありましたが、子どもたちが対応できるように、紙媒体を使って子どもたちとコミュニケーションをとるようにしました。またボランティアからの一方的なメッセージだけでなく、子どもたちからも返事をもらえるように返信用の封筒も手紙に同封して郵送しました。僕たちの思いを伝えることができましたし、子どもたちからの返事もあり、文字を通じてコミュニケーションをとることができました。

今回感じたこととして、文字を使ったコミュニケーションによって、漢字が苦手な子どもたちや、文章能力が少し不足している子どもたちがいることにも気づいたので、六月から再開するにあたり、そういうことを意識しながら子どもたちとかかわるようにしました。また約二カ月間かかわりがないことで、再開した時、どう会話していこうかとボランティアの中で話し合いました。子どもたちと会えない時間も大切にしながら、「いつ再開できるのかな」と心待ちにして再開を待っていました。

吉永 ありがとうございます。続いて小林さんから、「子ども食堂」も休止やむなしという時期があったかと思いますが、その時のご苦労や子どもたちとのつながりについて、どんなことを考えたかお話いただけたらと思います。

小林 私たちは京都市の建物を使いながら「子ども食堂」を開催しているので、自粛期間中の四月、五月は活動できませんでした。今まで学生と子どもたちをベースにやってきましたので、いつまで休止するかわからない、コロナの全貌がよくわからない状況で、どのような対策をとっていけばいいいか、わからない状況でした。

その中で、四月がすぎて五月になるとストレス状況が出てきました。ラインやフェイスブックでつながっている子どもたちがいたので、その子たちと連絡をとりながら、家庭の状況や勉強のことをこちらから聞いたりして、辛うじてできた部分はありました。ですが、ほとんどの子どもたちにこちらからアクセスすることは難しく、私たちもどのような対策をとっていけばいいかを議論しながら再開する日を待っていました。自粛中、休止している期間、子ども食堂の需要を感じながら何もできないという思いで辛いところがありました。

吉永　お二人とも、子どもたちは居場所を求めて来ているのに、残念ながらそれを提供できないもどかしさを感じながら、手紙を出したりして辛うじてつながりをもってきたかと思います。今、活動は形を変えて再開できている。二、三カ月の休止期間を経て、子どもたちにどのような変化があったか、お話を聴かせていただけたらと思います。

宇都宮　六月から活動を再開した中で、今まで来ていた子どもたちも通常通り参加していますが、まだ活動に参加できない子どもたちもいる中で、そういう子どもたちとどうつながっていこうかと、僕たちの中で課題にしています。いろいろアプローチをさせてもらっていますが、コロナ禍の中で子どもたちの意思や親御さんとの話し合いの中で活動に参加できない子どもたちもいるので、活動が再開してうれしい気持ちの反面、まだ居場所を求めている子どもたちがたくさんいることを改めて実感する機会になりました。

吉永　学習の場が大事だと再認識されたということですね。貴重な学びだったかと思います。小林さんはいかがですか?

小林　六月から「お弁当配付」の活動を始めましたが、それに切り換えるかどうかについても議論しました。コロナ禍の状況で「子ども食堂」の必要性を感じながらも、そのまま配布してもいいのか、人が集まる状況をつくってもいいのかについて、いろんな方からの話もありました。私としても、スタッフを含めて、来てくれる地域の方や子どもたちに対して、「そういうことでいいのかな」と迷いはしましたが、今までの子ども食堂の需要、必要性を感じていましたので、「お弁当配付」の形で再開をさせていただきました。

それまで「子ども食堂」で学習支援も含めてやっていたものを「お弁当配付」の形にした時、資金面での不足や、今までのコミュニケーションのつながりではなく、「お弁当配付」ということで「子ども食堂」としてこのままでいいのだろうかと葛藤もありました。現在は、毎月月末にスタッフが「来月はお弁当にするか、以前のような再開の仕方をするのか」と議論しながら、今は「お弁当配付」を続けていますが、コロナ禍の中で地域に求められることと、本当に必要なことを自分たちで考えながら、今後の「子ども食堂」がどうあるべきか、現在も悩みながらやっています。

吉永　「お弁当にすると資金が余計にかかる」というのはどういうわけですか？

小林　今まで子ども食堂は月二回、あとは学習支援と軽食を月二回開催していました。それがすべてお弁当配付になり、毎月四回、食事を提供する回数が二回から四回に増えたこと、容器代等もかかり、予算から大きく外れてしまって資金的にも苦しいところがありました。

吉永　コロナ禍のもとで苦労しながら今までの事業を振り返り、どこが大事なのかを改めて考えて活動されている、その努力には頭が下がる思いがします。お二人の経験について幸重さんからコメントをいただければと思います。

幸重　「子どもの人権」がベースにあると思いますが、お二人の取り組みを聴いて思ったのは、今まで「あたりまえ」のようにあった活動、毎週、子どもに会えて勉強を教えたり、おしゃべりをしたり、子どもといっしょにご飯を食べるのが「あたりまえ」。その「あたりまえ」がコロナによってなくなった時、「仕方ないよね」と多くの大人たちは諦めるところを、学生のみなさんは、子どものことや家庭のことを思いながら「何かできないか」とずっと考え続けていたという意味で、二カ月間はとても意味があったなと思います。

子どもはそういうところに敏感で、表面的にその場にきて遊ぶだけではなく、自分のことをいないところでも思って考えてくれる人には心を開くので、会えなかったかもしれないけど、より子どもとの距離は縮んだのかなと感じました。家庭が安定している子どもたちは親子で寂しさを補充できるし、学校が楽しい子どもたちは先生や友だちとの間でできるんだけど、寂しさを抱えている子どもたちは、お二人がやっている活動やボランティアの人たちがいることが大きく、子どもたちにとってとても心強かったのだろうなと思いました。

もう一つは、今までは子どもとだけしか出会えなかったのが、今回のことで親や家庭のことも考えられたこともいいのかなと。僕らの活動もそうでしたが、送迎を通して、直接顔を合わせると家の食料事情とか見えてくる。子どもに必要な生活環境が作れない状況になっている親御さんの事情や、社会の人権問題とかも見えてきたのではないか。「できなかったこと」に目がいきがちですが、考えて、できることを模索したこと。ベストは見つからないとは思いますが、ベターな方向を選んだということは、すごいなと思って聴いていました。

吉永 子どもと何とかつながっていこうと、「ひまわり」ではお手紙を書いて返信をもらう。お手紙の中で子どもたちの反応はどうですか。「ひまわり」への期待や思いを感じましたか?

宇都宮 初めて子どもたちに手紙を郵送して返事がきた時は、びっくりしたというか、うれしかった。文字にして書いてくれたことが僕たちにとってもうれしくて、取り組む前は僕たちの一方的な気持ちでのやりとりかなと不安もありましたが、子どもたちから返事をもらうことによって僕たち自身も勇気づけられたし、再開した時も「子どもとのかかわりを大事にしていきたい」と思うきっかけにもなりました。

吉永 「子ども食堂」は親御さんもお弁当を受け取りにくるとか、子どものお宅への配達とか、子どもたちだけでなく、家庭の様子もわかることでいろんな発見があったかと思いますが、どうでしたか?

小林 「お弁当配付」に切り換えたことで、地域の方や親御さんと交流できる機会が増えて、私たちの活動を伝えやすくもなりました。子どもの家庭環境や、「子ども食堂」がどれだけ必要性があるかを直接聞く機会があったりして、非常にありがたかったと思います。コロナの中で地域交流拠点としての「子ども食堂」の必要性を以前より強く感じるようになりました。

子どもがお弁当をとりにくる。以前のようにいっしょに遊んだり、勉強することができない中で、玄関を挟んでお弁当を配付するところで話をする機会が増えたんですが、以前、子どもたちは走り回っていたので、ある意味、以前より話ができるという違いは感じます。家庭環境の話も出るんですが、それを聴きながら地域の交流拠点としての「子ども食堂」の必要性、需要があるんだなと感じました。

吉永　子どもたちとのつながりで新たな発見があった。コロナ禍の中で子どもたちにとっては学校が急に休校になり、緊急事態宣言で家にいないといけないというプレッシャーがあった中で、現在、活動が再開しましたが、この間、コロナ禍で子どもたちの変化についてエピソードはありますか？

宇都宮　「ひまわり」では「学習に遅れを感じている」と訴える子どもたちがたくさんいて、学校が休校している間プリント学習を進めていましたが、教えてくれる人がいない。苦手な分野を飛ばすとか、そのままにしている子どもたちがたくさんいて、再開した時には、たくさんのプリントをもってきて、「今日はこれをやらないとダメなんだ」と。そこにまず取り組んだというのが六月の最初の活動でした。

吉永　子どもたちは何とか理解して、がんばって元に戻りつつありますか？

宇都宮　大学生たちも必死でテキストを見ながら、僕たちが答えを教えるのではなく、子どもたちをサポートしながら、活動時間が限られた中でしっかり取り組んで集中して、家庭に戻っても勉強できる意識を一人ひとりがつけてくれるように、気をつけてかかわりました。

吉永　そこで、よりかかわりが深くなってきたという感じはしますか？

宇都宮　「以前より強い意識でかかわらないといけないな」と僕も含めてボランティア一人ひとりも思っています。全体としてボランティアの意識も高まっているのかなと思います。

吉永　「学習支援」の大事なことを確認できたということでもあるかなと思います。コロナ禍で大変だったと思いますが、改めて活動の価値がよくわかったのかなと受け止めました。「子ども食堂」でも食の提供ができない期間が二カ月続き、今は形を変えてお弁当を届ける。そこで久しぶりの出会いとか子どもたちの変化はいかがですか？

小林　私たちから見て学習面での遅れを取り戻すのが子どもたちには大変なようで、「お弁当配付」で地域の方とつながる中で、親御さんからの要望として「学習支援」を感じました。「子ども食堂」に関しては一週間に一食、お弁当を配付することがどれだけ意味をもつのか、やりながら疑問はありましたが、「一食浮くことで子どもに優しくすることができました」と伝えられるお母さんもいて、その時間を違うものに充てるとか、再開後の活動の中で子ども食堂の価値を再確認できたかと思います。

吉永　子どもたちの変化がリアルに伝わってきて、あらためて貴重な活動をされていることを感じました。コロナ禍の状況の中で集まれない。けれども、「つながること」や「絆」を深める努力が実を結んでいると感じました。子どもたちは家で勉強をこなすのが大変で、ボランティアはそれにも向かい合って子どもの「学ぶ権利」を保障する、「食べる権利」を保障する。貴重な活動をやってこられたかなと思います。子どもたちの変化やコロナ禍での負担の状況について幸重さんのご経験からどうでしょうか?

幸重　「あたりまえ」に今までやっていたこと、それがコロナ禍によって手に入らない状況になっている。お二人の活動の中で「学習支援」の話が出てきました。勉強は学校に行って授業があるのが「あたりまえ」、わからないところは塾に行ったり、塾に行かない子どもたちは誰かがサポートしてくれる。家に帰っておやつやご飯を食べることも子どもたちにとっては生活の基本ですが、それが難しい家は「子ども食堂」でカバーされていたが、それもできなくなった。再開すると「あたりまえが、あたりまえではなかった」ことや、「人権」が奪われたことによって「こういうことは困る」ということがわかり、それをどう再構築するか、それをお二人がそれぞれの団体ですでに取り組んでいる。

国がやっていることで、うまくいっていることもあれば、何をしているんだろうとか中には現場にとっては迷惑なこともあるんですが、お二人は子どもたちの姿を想像しながら再開に向けて取り組んでくれたからこそ子どもたちに響いていく。国がやっていることがずれてしまうのは、「人権」にかかわる取り組みが、実際の子どもたちの姿を思い描けず、机の上で想像に基づいて施策が行われているからのズレで、そこが学生さんたちと違うんだろうなと。現場は「人権」を学ぶ上で大事なところであり、それを実践しているなと感じた次第です。

吉永 日常でない状況に遭遇せざるをえなくなり、人権も含めて大事なことを感じ取っていただいたのかなと改めて感じました。コロナ禍の苦い体験を踏まえて、「学習支援」や「子ども食堂」をどうやっていったらいいか。今後の展開で何か考えていることがあれば、一言ずつ。

宇都宮 活動の中で子どもたちが抱えているニーズがたくさんある中で、それに応えられるボランティアの数が僕自身は気になるというか、そこに携わるボランティアが増えれば子どもたちのニーズや夢を叶えることに、より近づくかなと。ボランティアの数は大事にしていきたいと思います。ボランティア同士の仲間意識も大切にしていきたいと思っています。

吉永 「子ども食堂」では「今後、こうやっていきたい」という思いはいかがですか?

小林 「子ども食堂」の地域における必要性を実感していますので、今後も続けていきたいと思っています。子どもにとって大学生の存在は「斜めの関係」で、子どもにとって話しやすい存在であり、大学生の必要性を感じています。学生側からしても「子どものために何をしてあげたい」と考えるとか、今まで培ってきたもののアウトプットの場を活用していけたらと感じます。「コロナ禍で何ができるだろう」と自分たちで考えて形にしていくことが大事なのかなと思っています。

吉永　コロナ禍の大変な経験を経て、もっと仲間を増やしたいと、この活動の重要性を再認識されたことと思います。幸重先生から、今後について、ご自身の経験からどういう教訓があるか、いかがでしょうか？

幸重　学生たちにとって活動の意味はすごく大きいと思います。普通に活動をして、何となくこなしていって卒業していっても活動への愛着は湧きにくいのですが、今回のようなトラブルがあると、活動への愛着がグッと高まる。この先も模索しながらやらないといけないので大変ですけど、今から「ボランティアをやろう」とか、講座を聴いて「ボランティアをやりたいな」と思って入ってくる人は、例年にない貴重な体験ができて「学生の時にこんなことをした。またみんなで集まろうぜ」ということになるのではないかと思います。

活動は残っていくものなので、卒業した後も、もし宇都宮さんが数年後、ふらっと顔を見に行ったときにボランティアの学生の中に中学生で教えていた子が来てくれていたらうれしいだろうし、食堂の場も、小林さんがこれから就職して京都を離れた時、ずっと続いていたら「その曜日に会わせて京都に帰ろうかな。顔を覗かせようかな」「お土産もっていこうかな」という気持ちが生まれるはずです。子どもにとっても価値があるけど、学生にとっても価値がある活動だと思います。

福祉を学んでいる学生以外も参加してくれた方が、多様性があって面白い。仏教・史学・文学などの学科からどんどん入ってくると活動も広がったり、学部以外の友だちが学外にもできたりするので、この人権週間で関心をもってくれたらうれしいなと思います。うちも大津でやっていますので関心があったら遊びに来てください。

吉永 今の幸重先生の期待を込めた言葉を受けて、お二人から「自分の成長にとって、個人の自分にとって子どもの支援や子どもの人権を守る活動がどんな意味があったかを、みんなに共有してほしい」というお話をいただけたらと思います。

宇都宮 私が所属する「ひまわり」というボランティア団体は、主に花園大学の学生が主体的に活動しています。「学習支援」と、もう一つ「居場所支援」にも力を入れて活動しています。「斜めの関係」を僕たちも意識していることもあり、子どもたちにとって近所のお兄さん、お姉さんのように安心のできる存在であり、そこが子どもたちにとって居場所になるといいなと思って活動しています。「居場所」というのは決して子どもたちだけのものではなく、僕たち学生にとっても大切な場所の一つでもあり、僕は大学の一年生から携わっていますが、今、振り返ってみると大切な居場所の一つにもなっています。「活動してきてよかった」と思っているので、この経験を卒業してからも何かに活かせていけるように、しっかりとやっていきたいと思っています。

小林　「子ども食堂」は、ほとんど大学生が中心に運営していますが、「自分たちで考え、そこに出てくる課題や問題意識を身近に感じること、何をするかを考えて実践していくこと」が大事だと思っていて、学生で経験したことが卒業した後にいった場所で何かを展開する手助けになるとか、うちへボランティアに来ている学生が、卒業後、また別の場所で「子ども食堂」を展開していくことにつながっていけばいいなと思っています。

吉永　ありがとうございます。皆さんの活動がどんどん広がっていけば、生きづらさを抱えている子どもたちの支援は貴重なものになっていくと思います。幸重先生の大学時代の阪神・淡路大震災のボランティアの時からの花園大学での学生ボランティアたちの気持ちが脈脈とつながっていることを改めて感じて、うれしく思いました。締めくくりにあたって幸重先生から一言、いろんな学びについて、いかがでしょうか?

幸重　人権週間の一環として、みなさん、「人権」について考えたと思いますが、考えるだけでなくアクションすることも大事です。プラス花園大学の良さは、「現場」というか、その場その場に行って感じることができるところです。映像や本でも学ぶことはできますが、「現場」の中で感じる、それをまた大学で話を聴くとか書籍で深めていくことを繰り返していくことが大事だと思います。今回の機会に、みなさん、現場に行く人がいたり、図書館で学ぶ人がいたり、人権教育研究センターをたずねていただけると、本だけでなく話も聴けますので、そういう花園大学の資源を活用してください。僕が学生の時は最大限、大学の資源を活用していましたので、みなさんもぜひ活用してみてください。

吉永　ありがとうございました。それではこれにて人権週間の企画三「子どもの人権と新型コロナウイルス感染症について」を終了したいと思います。今日はどうもありがとうございました。

（第34回花園大学人権週間・二〇二〇年一二月四日～十日配信）

ネットカルマ——現代社会の新たな苦悩

佐々木閑

●ネットカルマ～インターネットと連動した監視社会の到来

「ネットカルマ」というのは私の造語です。このインターネットとカルマをあわせた単語についてお話ししていきたいと思います。『ネットカルマ』（角川新書）という本を二〇一八年に出しました。そのことについて吉永先生から話をしてほしい、人権にかかわる中で取り上げてもらいたい、というご要望でしたので、今回、それ以後に考えたことも加えてお話をしたいと思っています。

人権は、深刻な場合、人間の差別の問題にもなります。何をどう差別するか、古今東西、いろんな形の差別があります。人種も差別の対象ですし、場合によっては血筋、家柄も差別の対象になります。特定の家柄が優遇されるのも一種の差別であると考えます。この世界には、言語、肌の色などによりさまざまな人がいる。人と違う状態にいる場合、そのすべてが差別の対象となるわけで、二〇世紀から二一世紀、人権意識の高まりとともに、それまで気がつかなかった、そんなところに差別はないと思われていた場所に実は差別があったんだということに次第に気がつき、それを是正する動きも強くなってまいりました。

私は今、六三歳ですが、ど田舎の育ちですから、小さい頃、幼稚園、小学校の頃は、差別の固まりのような世の中でありました。身体障害から何から差別用語が飛び交って、誰一人それに対して後ろめたさをもたない社会であったことをよく覚えています。

それが今ではそういうことは是正が進み、そんな言葉を公に人前で口にする人はいませんし、そういう人たちは我々が手を差し延べる人たちだという意識に変わって、この社会も差別がだんだんなくなってきたなと思っているのですけれども、問題は、人間の心はそんなにきれいじゃないということです。人間の心は、生まれた時は煩悩まみれで生まれてくるもので、決して純真な美しい赤ん坊として生まれてくるのではない。その心が大人に育っていけば必ずや、そこから悪心、邪心が生まれる。その種を宿して我々は生まれてきている。これが釈迦の人間観であります。

その心の中の一つの大きな要素として、「自分を優位な存在として考えたい、自分を人より優れた者と考えたい」。逆に言うと「自分より劣ったものをどこかにおきたい」という思いがあるわけで、これは人間の本能であると思います。それが二〇世紀、二一世紀に是正されてきているのですけれども、実は私の考えによりますと、是正はされているのだけれども、非常に悪質な状態に向かっている気もいたします。

どうしてかというと、差別というものが表立ってきますと、次第にその差別に反対をする声が出てくる。もちろん被差別側から出てくるわけで、差別されている立場の人たちの声がだんだん大きくなり、差別が表面化し、是正されていくということですが、そういう世の中になって、だんだん差別ができなくなってきている。差別をしたい、という人の心がだんだんと抑圧されている中で、どうもその差別が、ある一方向に進んでいるのではないかという気がいたします。どんな方向かといいますと、声が上がらない方向、被差別側から声が上がらない方向に差別が進んでいるのではないかと思われるのです。

そこには大きく分けて二つの方向があると思います。一つは、「死者差別」。死を厭い、死者を嫌う、遠ざけようとする気持ちが、日本で今、次第に強くなっているように思います。死ぬということから目を背けて、死というものがこの世に、あたかも存在しないという風潮になっている。死者に対して冷たく扱うようになっている。これは一つの差別の逃げ道になっているのではないかと思うのです。

その理由は何か。死者は反論しないからです。「死人に口なし」ですから、死んだ人からは、差別されているという反論の声が一切上がらないことを我々は知っている。死者を粗末に扱い、無礼に扱ってもかまわないという気持ちが強くなっているのではないか。これは現世で差別できなくなっている差別心が、そちらに向かっているのではないかと思えるのです。

そしてもう一つの方向が「インターネット」であります。死者は反論しないので差別しても構わないという思いが強い。それと同じ理屈で、インターネットは、差別しても差別した本人が特定されない。誰が差別したかが公にならない特性をもった世界なので、差別する人間にとってはやりやすい世界です。世の中はどんどん差別がなくなって、よくなっていると思い込んでいるのですが、実はある特定の、差別しても批判されない差別へ、世界が動いたと思っているわけであります。そういったインターネットを通じて不幸がもたらされるシステムを総合して、私は「ネットカルマ」と呼ぶのです。

死者差別のこともいろいろ考えておりますが、これは別の機会に。今日はインターネットの中での差別、もっと簡単に言いますと、煩悩の表出、やりたい放題に煩悩が暴れ回る世界、それが今、ネットという世界に現れてきていることが問題になってきているのです。

『ネットカルマ』という本を書いたのは二〇一八年で、これから先、まだ余裕があるかなと思っていたのですが、あっという間に「ネットカルマ」の状況が現実味を増してきて問題になっています。典型は中国ですね。完全な監視社会へと中国は移行しています。私が想定しているネットカルマの世界が速いペースで実現しつつある。テレビやニュースでご存じのように、中国は今、完全な「認証社会」をつくりあげようとしている。一人ひとりの人間のすべての言動を一括して把握し、その人間をコントロールする社会が訪れようとしています。

たとえば「顔認証」。この間北京に行きましたが、買い物をする時も顔認証ですね。カゴに好きなものを入れて計量ボックスにポンと入れると品物が全部把握されて値段がパンと出てきて、そこに「顔を写してください」と表示が出る。顔を写すと「何とかペイ」という支払いシステムが作動して、「はい、お金を払いました」となる。人の顔が一元的に管理されているということです。もちろん空港についた時には私の顔認証と五本の指のすべての指紋をとられました。私、もう中国で悪いことはできないですね。中国で悪いことをするとすぐわかっちゃうよということです。

もちろん「声認証」も入ります。声紋は指紋と同じように一人ひとり違いますから、声の認証も行なわれています。「動作認証」というシステムもあるらしい。将来になるかなと予想していて、こんなに早く実現すると思っていなかったのですが、実際にやっているらしい。私がこうやる、私の歩き方です。どう見えます？　私はみなさんといっしょの歩き方で歩いているつもりなんですけど「佐々木流」に歩いているらしい。それがすべて認証されて、顔が写ってなくても体の動きで誰だかわかる、ということが今、考えられているようです。

言うまでもなく、「DNA認証」はこれから一番使われます。人間は数兆個の細胞でできているのですが、それが六カ月くらいで全部入れ代わるんだそうです。数兆個の細胞が六カ月で入れ代わるとすると、一秒間に何個くらい細胞が入れ代わるのか。数万個らしい。一秒ごとに私の体から死んだ細胞の殻が数万個散らばっている。みなさんのところもパーッと広がっている。そこにはすべて私のDNAを含めた細胞がある。犬が何日も前に通った人の後を追いかけていけるのは細胞の滓が残っていて、その臭いをたどっていくからです。ということはそういう細胞の殻とかも認証の対象となりますから、そこに人がいなくても通った後を何らかのセンサーで見ることで、その人の行跡をずっとたどることもできる。犬が追いかけてくるようにしてDNA認証とか、匂い認証ができるという時代が必ずきます。

こういうようにあらゆる言動が記録される時代がきております。今、認証システムが日本で一番進んでいる場所はどこか。それは道路上です。車の走る道。すべての車がドライブレコーダーを積んでいるからです。ドライブレコーダーがあると、車が走っていればすべての私の言動が通りかかる車のドライブレコーダーによって記録されていることになります。私たちが道路上で行なう言動は、ほぼすべて記録されていると思わなければならない。今、なぜ車に載せるドライブレコーダーにしかそういうものがついていないのかというと、ドライブレコーダーが大きいからです。人間の頭の上に乗せるとか肩に付けるようなドライブレコーダーはまだないわけで、それで自動車に積んでいる。

この先、必ず小型軽量化、ミニミニになりますから、最後はどうなるか。いうまでもなく、レコーダーが私のメガネやボタンにつくことになるのです。そうするとウォーキングしていようが町で買い物をしていようが、人がいれば必ず、お互いがお互いを監視しあう時代がきます。なぜ必ずくるかというと、そういう社会は極めて安全だからです。犯罪の発生率は下がります。実際、中国の犯罪発生率は大いに下がっています。悪いことをやったら分かってしまうんですから、やらないですよ。社会が後押しをして、すべての人間が、お互いに監視しあう時代がくる。

では、その監視によって得られた情報はどうなるか。即座にインターネットに上がっていきます。レコーダーと無線でつながったインターネットに即座にその情報が入っていきますから、互いに互いの情報を見張りながら、その情報を刻々とすべての人がインターネットに送り続ける時代がくる。もうほとんどきているのではないかと思います。中国は実際、「メガネにつく」と言っていますから、日本も採り入れることになる。

一見、身の安全を保証できますから、良いことのように思います。事件が起こるとか犯罪に巻き込まれそうになった時、常に監視していることによって犯罪が防げますし、何かあった時、すぐ犯人を特定できます。警察も司法も大いに推奨するでしょう。日本は中国に倣って監視社会に次第に入っていくことになるでしょう。

対面でのリビングレコーダーの場合、人と人がいっしょにいる時に監視される、人がいないところなら大丈夫だろう、誰もいない密室のようなところで私が何かをやっても監視されないだろう、と思うかもしれませんが、そうはいかない。今度は何がかかわってくるかというと、ＩｏＴです。Internet of Thing。物のインターネット。これはまだそんなに進んでいませんが、この世界に存在するあらゆる電子機器、電気で動くデバイス、道具にすべて監視機能がついて、我々を、よくいえばサポートしてくれる。悪くいえば監視している。それによってすべての生活が安楽に、comfortable になるように器械が気づかってくれる。これがＩｏＴです。

冷蔵庫にＩｏＴがつきます。中にどんなものがあるか認証しながら冷蔵庫が動いている。私がそこからレタスとベーコンとトマトを取り出す。自動的にＩｏＴは「ご主人は何月何日にレタスとベーコンとトマトを取り出した」と記録する。最初に八百屋と肉屋に注文する。私が、ではなく冷蔵庫が。冷蔵庫が自動的に食品を補充する働きをする。さらに「佐々木さんはレタスとベーコンとトマトの取り合わせが好きだ」とわかると「こんなのどうでしょう」と食材のメニューを電子レンジに送り込んで、電子レンジが今日のメニューとして出してくれる。私の好みにあったメニューです。

という具合に、他にもさまざまな面で器械が我々を見て、私の生活をできるだけ楽に、用事をしないでも済むように、余計なことをしなくても済むようにサポートしてくれるという、これからの新たなシステムでありまして、世界の電気製品会社は競争でこのＩｏＴを開発しているところです。まだ我々の身にはすぐにきませんが、ドローンともつながりますから、ドローンがブーンと飛んできてレタスとベーコンとトマトを運んでくる。品物置場にちゃんとおいて飛び去る。そういう時代もくる。私が誰とも対応しないで、接しないで一人暮らしをしていて、誰からも見られないでいたとしても、器械が私の言動を見ている。

ＩｏＴというくらいですからインターネットにつながっていないと話にならないわけで、その情報は全部インターネットにつながっている。こうしてさまざまな認識機能、防犯機能、ＩｏＴのような生活の利便性を考えた、さまざまな機能が一括して全部インターネットに入っていきますから、情報はインターネットという一つの倉庫の中にどんどん詰め込まれていくことになります。

その情報は認証システムとセットになっていますから、情報は「誰がやったか」というタグ、つまりやった人の名前がついた形で、どんどんネットに入っていきます。私という一人の人間の言動が全部、そこに残るわけです。コンビニで万引して、「誰にも知られなかった」と安心していても、その情報もネットに入っている。一人でいる時、気が緩んで思わず人の悪口をひとりごとで言った。それもネットに入っている。それが全部、「佐々木」という名前付で入っていますから、「佐々木閑」と名札の付いた無数の細かい個別の情報がいっぱい、インターネットの中にばらばらに蓄積された状態になるわけです。

その段階までだったら全然、恐くない。その情報は断片だから、何も問題はない。ところがその情報には全部タグがついている。ですからタグを使って集めることが可能ですね。キーワードを入れると単語が出てくる場所がザーッと一覧で出てくるのと同じで、「佐々木閑という名前がついた情報を集めなさい」と命令すると、インターネットのビッグデータの中から「佐々木閑」関連の情報が全部取り出されてきます。もちろん時系列の情報がついていますから「時間順に並べなさい」と指示して並べてみると何が出てくるか。私がやったこと、行いが全部一覧で時間順で出てきます。その中には、いいこともあるし、悪いこともたくさんある。人助けをしているとか、万引しているとか、人の悪口を言っているとかいろいろある。

それらが、公正な形でそのままに「はい、ポン」と出てくるなら、それはそれでいいんですけど、「はい、ポン」と出すのはインターネットではない。ネットを操作している誰かがそれを出すのです。つまり誰かが編集した形で私の言動が現れてくるのです。都合のよい情報と都合の悪い情報を編集することができるところが「ネットカルマ」の恐ろしい側面です。私が人助けしているところは全部抜いてしまって、他人の悪口を言ったり、万引した場面など、人さまに顔向けできない部分だけを集めて編集して「はい、佐々木さんて、こんな人なんです」と出される。どこに？　もちろんインターネット上にです。インターネット上の情報は世界中のあらゆる人がいつでもアクセスできますから、それはつまり、世界中の人に発信するということです。

ドローンでレタスとベーコンが飛んでくるのと、自分のことが全部明かされて、しかもそれが悪意をもって世界中に流されるのとどっちをとりますか？　とは言っても、これはどっちをとるという話ではなくて、もう後戻りはできないんです。監視される方に進むことになっている。それを止めるパワーは誰にもありません。「そんな恐い世界は嫌だからインターネットはやめる」と誰も言えないわけです。それはもう、そこに来ている現実なのです。目の前に来ている世界に対して我々はどう対処して、どのような生き方を選択するかが、これからの私たちに課せられた課題だということであります。

●釈迦の仏教における業（カルマ）の世界

少し怖くなってきましたか？　今度は仏教の話です。カルマというのは仏教用語です。仏教にかかわってこの問題をどうとらえるかを言わないと、今の話だけだったら「恐いです、大変ですね」ということで終わり。何の対処法も出てこない。それでは困るので、仏教はどういう宗教で、インターネットのカルマとどう関連してくるかという話をしたいと思います。

仏教の話ですから、タイムスリップしてもらって二五〇〇年ほど遡ってもらいます。場所も海外旅行に行ったつもりでインド。インドのお釈迦さまの時代に戻ります。お釈迦さまの考え方で一番大事な、おおもとになる世界観は、「この世には我々を救済してくれる絶対存在はない」という確信であります。それは、日本の仏教を見ているとわからない。日本の仏教は救済者がある、という前提の宗派が多いのですが、本来、お釈迦さまの仏教には「救済者はいない」というのが大前提であります。

仏教がインドで生まれる前の時代、バラモン教という別の宗教があって、この宗教は「大いなる神を崇め、神の恩恵で我々が幸せを手に入れる。神と人間の間で成り立つギブアンドテイク」の世界だったんですが、それを否定して仏教が出てきました。仏教という宗教は、「我々が願えば、我々を究極の安楽につれていってくれるという絶対存在はいないということを、よくよく承知せよ」という世界観から始まるわけであります。

この世界は非常に冷たい、冷酷なる機械的世界、メカニカルに動いていく世界だと考えます。時計がカチカチと、誰の意思も反映せず、ただ機械的に動いていくのと同じように、世界はあるべき形でしか動いていかない。その世界を動かしていく一番の原動力は「原因」と「結果」の法則性、原因があればそれに応じて、ある結果が必ずきます、という原因と結果の因果則が、この世を動かしていくんだという考え方であります。これを仏教では「縁起」という。

この原因と結果というものは、物理学でいうと物理法則なので、何かをすればそれによって重力が伝わり、ものが移動していくという数式で表せる因果則ですが、お釈迦さまが考えた仏教での因果則は単なる機械的なものだけでなく、「そこに倫理的側面も含み込んだ因果則だ」という点が重要です。「倫理的因果則」とは、我々が倫理的に善い行いや悪い行いをすることが原因となって、何らかの結果が現れてくるという、善悪をベースにした因果則です。それを想定したところが、物理学と仏教の基本的な違いです。

ではその仏教の因果則で、「倫理的な善い行い」とは何か。まず、他者に対して害を与えない、「他者を害さない」ことが倫理性の一番の基本となります。他者に害を与えない行為に基づく善い行いをすると、それが原因となって必ず我々に結果がくる。その結果とは何か。「善い」行いをした結果は善い結果ではない。善い行いの結果は「楽」という結果です。ここでの「善い」という言葉と「楽」という言葉は違います。そして、悪い行いをする、人を殺すとか、銀行強盗をするとかですね。その結果は「悪い」結果ではなく、「苦」という結果がくるのです。

ここでいう原因としての善い、悪いという言葉の意味は、倫理的に「人としてなすべき行為」、「人としてなすべからざる行為」を意味します。それに対して、起こってくる結果としての「楽」「苦」とは、私にとって都合のよい状況、私にとって都合の悪い状況を意味します。ですから、原因の善い、悪いと、その結果としての苦、楽は、概念が全く違うのです。

日本では「善因善果、悪因悪果」といって間違って言われることが多い。善善、悪悪とつないでいう人がいるのですが、これは間違いです。正しくは「善因楽果」「悪因苦果」なんです。私が人を殺したとする。倫理的によくない行いをする、他者に害を与える。その結果として遠い将来、私は地獄に落ちることになる。地獄に落ちるという結果は苦しい結果、私にとっていやな結果です。これが業の因果則の基本です。まとめて言えば、倫理的善行を行うと、将来、楽な状態がくるし、悪行を行うと、苦しみがくる、ということです。

私は、それをみなさんに「信じなさい」と言っているんではないですよ。お釈迦さまのつくった世界観はそういうものの上に成り立っているということです。この、善悪の行為が楽と苦を生み出すというシステムを、全体としてカルマのシステムという。そのカルマを日本では業（ごう）と言います。カルマというのはインド語ですが、もともとの意味は活動、行いという意味です。我々の行いが我々に結果を産む、我々の行いが我々の苦や楽を生むといっているわけです。

さて、お釈迦さまの時代の人々は「輪廻」を信じていました。業を含んだ倫理的因果則の中で我々はどのような人生を送っていくかという、その答が、「輪廻」です。読んで字のとおり、ぐるぐると生まれ変わり、死に変わりを永遠に続ける世界がこの世にあると考えるのです。輪廻の世界は全部で五つの領域でできています。一番上が「天の世界」、二番目が「人の世界」、三番目は「畜生の世界」、四番目は「餓鬼の世界」、一番下が「地獄の世界」。この五つの世界をぐるぐると永遠に生まれ変わり、死に変わりを続けて、いつまでたっても終わらないことを「輪廻」というのです。

それを「業」と組み合わせるとどうなるか。善い行いをすると、いつか生まれ変わった時、私たちはどこか幸せな世界に生まれるでしょう。楽なところ、天とか人に生まれて、さらにはそこでお金持ちで健康で、みなから羨ましがられるような境遇に生まれる。善い行いをした結果です。悪い行いをすればどうなるか。地獄に落ちたり、餓鬼に生まれたりします。畜生になって一生、人に使われて働かないといけない。そういういやなところに生まれます。これが当時の人たちの一般的な、幸せと不幸せの基準であります。

この世界の中で人々が幸せを掴もうとすればどうするか。悪い行いをやめて善い行いをする。悪い行いを止めて、善い行いをどんどん積み重ねていく。それによって、生まれ変わる時に、善いところへ善いところへと生まれていく。それが私たちが目指す幸せなんだというのが、当時の釈迦ではない一般の市井の人々の幸福感であったわけです。

そこに釈迦が現れまして違うことを言い始める。「善いことをして幸せなところに生まれて、その幸せは究極の幸せですか?」と。違いますね。善いことをしたら楽なところに生まれました。でもそこで暮らしているうちに歳をとって死ねば、またどこかへ輪廻して生まれていきます。どこに生まれるかはわかりません。過去にあった悪い行いの結果として地獄に落ちるかもしれない。私たち一人ひとりの背中には、過去に行なった善い行いと悪い行いの「業」が山のように積み重なっています。そして生まれ変わり、死に変わりする時、その中の業の発現はランダムですから、その結果のどれが次に出てくるかわからない。ランダムな結果のどれかが発現して幸せになったり、不幸になったりする。

だから、善い行いをして楽なところに生まれても、それは究極の幸せではない。一時的なものです。どうせまたもとへ戻っていく。幸せと思っているものも実は時間的にいえば泡沫の幸せであって、いずれまた苦しみもくる。「いずれまた苦しみも来るであろう、それが泡沫の幸せにすぎないと分かっていても、その幸せを追求することが究極の幸せになりますか？」というのが釈迦の問いかけですね。

この状況に対して、釈迦は「究極の幸せとは、善い行いをして、どこか楽なところに生まれることではなく、もう二度と生まれなくなることだ」と言います。生まれなくなること、「輪廻が止まること」が最高の安楽状態なのだと言うのです。それを「涅槃」（ねはん）といいます。二度と生まれ変わることがなくなると、その人は死んだ時、心もなくなりますから、「幸せ」とか「不幸」とかを感じることもなくなります。つまり一切悩みのない状態になるわけです。自分が二度と生まれ変わらないと知りながら生きている自分も、それによって幸せになれるというのが釈迦の教えです。「もう生まれ変わらなくてもいいんだ。苦しまなくていいんだ」という考え方ですね。

若い方は私の話を聞いても、「何のこっちゃ」と思うかもしれませんね。長生きした方がいいじゃないか、死んだ後に、また生まれ変わって、別の人生があった方がいいじゃないか、と思うでしょう。当然のことです。お釈迦さまの時代も、そう考える人たちがいっぱいいた。それに対してお釈迦さまは、「それはそれで構わない。そう思う人は、そうやって生きていてください。ただ世の中にはいろんな不幸な目に遭って、心の葛藤を抱えていて、生きていること自体が苦しくてしょうがないと感じる人もいる。その人のためにだけ私は仏教を説くのだ」と言いました。

仏教というのは、今生きている私が「不幸である」と強く自覚する人のためだけにある宗教なのです。今、自分は幸せだと思っている人の耳元に行って、「実はあなたは不幸です。気がついてないかもしれませんがあなたは不幸なのです。だから仏教の信者になりなさい。涅槃を目指しなさい」などという宗教ではないんです。

こうして「業の世界観」における世俗的な幸せと不幸の概念を超えたところに、もう一段、「生まれ変わらない」という幸せを求める仏教独自の幸せ感、幸福の感覚が上乗せされる。これは別の言い方をすると、業でがんじがらめになった世界の中で幸せを求めるのではなく、その世界から一歩外に出ることによって、その世界全体の不幸から自分の身を離して逃れるという、「自分がいる世界から外へ出るという形での幸せの追求」なんですね。だからこれは「出家」なんです。

俗世の価値観を脱出して別の世界に行く。その人は俗世の生活を捨てないといけないから、出家をしなくてはならない。俗世の世界観での、「願いを叶えて、満ち足りた生活を実現する」という心をどれだけ自分が削減し、断ち切って、「二度と生まれ変わらないことを実感できる状態が私にとっての真の幸せだ」と、世界観の転換を図るのです。

自分の心の中にしみこんだ「俗世で快適に生きることが幸せの本質だ」という思いを断ち切る作業ですから一朝一夕でできることではない。何日も何年ものトレーニングの中で自分を少しずつ変えていくこと、これが「仏道修行」という長い道のりになっていくわけです。

釈迦の世界観は「この世界にいることは本質的に苦しみである。この世は苦しみの海だ」という世界観であります。そしてその苦しみの原因は「諸行無常」と「諸法無我」。「諸行無常」とは、この世の中は我々が望む、いつまでもそのままであり続けてほしい、命がいつまでもあってほしい、今の人生の幸せがいつまでも続いてほしい、という願望を決して叶えてはくれません、という話です。そして「諸法無我」とは、私というものが中心になって世の中が動いているのではない、という世界観です。

それなのに我々は錯覚して、「諸行無常」なのに「諸行は常だ」と考え、「諸法無我」なのに「どこかに我が実在する」と考える。そこに苦しみの元があって、その苦しみの中で生きている人たちは、善い行いをして楽なところに生まれたいと願うのですが、それは究極の立場からいうと、単に「泡沫の幸せ」を求めているにすぎない。「儚い幸福感だ」というのが釈迦の教えなのです。それがインターネットとどうかかわってくるか。大体、おわかりだと思うのですが、それではインターネットの話に戻りましょう。

●インターネットと業

お釈迦さまが考えた業、すなわち「倫理的因果則」には三原則がありまして、一つは「我々が行なった行いは、善なる行いも悪なる行いも、一つ残らず絶対に消えることなく記録されていく」。**私たちのすべての情報が記録されている。**これが「業」の第一原則です。善いことをしたり、悪いことをしたら全部それが私たちの背中にかかってくる。それを背負いながら生きていく間に、その業が一つずつ発現して、私たちは地獄に落ちたり、天に生まれたりする。誰もがそういうものを背負いながら生きているという世界観です。

その「業」が途中で消えることは絶対ありません。私たちがやった善い行い、悪い行いの記録は一つ残らず全部、丸ごと記録されている。どこに記録されているかはわかりません。業がどこに残されているかはわかりませんが、一つ残らず残っている。これが記録原則ですね。インターネットと対応させながら考えてみてくださいね。

二番目は「原因と結果」の間のインターバルの問題。原因と結果の間にどれくらいの時間の間隔があるかは全く未知であり、不可知です。これが、「業の因果則」の二番目の特質です。私が人を殺した、その結果、私が地獄に落ちるとして、いつ落ちるか。これは私たちには絶対、計り知ることはできません。次に死んだ時に落ちるかもしれないし、百回生まれ変わって「何ともなかったわ」と安心して百一回目に地獄に落ちるかもしれない。原因と結果の間のインターバルは全く我々には推測できない。いつ起こるかわからない。これが第二原則であります。

第三原則は、「原因と結果の間に類似性がない」という特性。何かを行なった結果はどうなるかということは予め、予想できないのです。人を殺したので、その結果として私も誰かに殺されるだろういう単純な推測が成り立たないのです。人を殺した結果として、たとえば灼熱地獄に落ちたとして、「殺す」という行為と「灼熱地獄に落ちる」という結果の間に全然類似性がない。「業」の場合、行なった行為がどんな形で戻ってくるかは予め推測することができない、というのが第三の原則です。

やった行いは全部記録されている。その行いはどれくらいのインターバルで発現するかわからない。どんな形で現れてくるかも予め知ることはできない。結果が現れた後も、それがどういった原因の結果なのかは分からずじまいです。私が地獄に落ちたとして、「なぜ私は地獄に落ちたんだろう」といっても、それはわからない。お釈迦さまにはわかるらしいけど、我々にはわからない。この三原則を今のインターネットの状況に当てはめると、そのまま当てはまります。

現代の監視社会では、我々の一挙手一投足の言動があらゆる形で断片的にタグつきでビッグデータに送られていき、そこで保存されている。ネットで保存された情報は特別に何かの形で消去しない限り、永遠に残り続けます。消去するにもエネルギーがかかります。誰かが消去してくれない限りは、そこに残り続ける。この頃、「消去屋」という仕事があるらしい。頼むと消去してくれる商売もあるらしいですが、消去屋さんが、その情報を消去せずに、こっそり悪用するということもあるらしいので却って悪い結果になる。

第二原則について、第一原則によってネット上にバラバラとおかれた私の情報はその後どうなるか。たとえば悪意のある人がいたとする。あるいは悪意というほどでもなく、ただの遊び心かもしれない。おふざけで私の情報、「佐々木閑」の情報をザーッと集めて、それを面白おかしく一つの物語として「人前ではカッコいい仏教の話をしているくせに裏に回ればこんなことをやっている人です」といったストーリーにする。情報操作によってそんなことは簡単にできます。そしてそれを、「佐々木先生の裏の顔」といってネットに出す。みな喜ぶよね。驚きがあるから。そしてザーッと広がる。その後、私が消したいといくら願ってもその情報はもう消えない。そんな恐ろしい事がいつ起こるか、わかりません。私のやった行いが、すべて情報化されてネットに保存され、いつかわからない時に発現する。

その発現の結果がどんなことになるかわからない。「佐々木先生、裏話」という悪意に満ちたストーリーがボンと公に出て、「あの先生ならそんなこともあったろう、ご愛嬌だわ」という程度で済むかもしれないし、私を陥れようとしている人がそれを利用しようとすれば、「ほら、こんな人を雇っておくからこんなことになる」となると、私のクビが飛ぶ。誰が、どのように、その情報を扱うか、そしてそれを受け取った人たちがどう感じるかによって、いくらでも変容していくわけです。これはすなわち、「業の三原則」の世界の中で、今の我々も生きているということなのです。

この頃、昔の悪事をネット上で暴かれてひどい目にあっている人が結構いますね。インターネットがなかった頃には、うやむやになって消えていた話ですが、ネットや携帯に電子情報として残っているものが後で暴かれて、何十年もたって「あの人はあんなんだった」とバッシングを受ける例が結構あります。

「ネットカルマ」のことを初めて考えたきっかけは、パナマ文書です。タックスヘイブン、税金逃れで会社の偉いさんたちがケイマン諸島とかへ税金飛ばしをしていると、その時の携帯やメールの情報が全部残っていた。それをコンピュータにかけてタグ付けをした。たとえば「プーチン」という名前で集めるとプーチン関係の情報が一覧で出てくる。そういうやり方で、数万人分の悪事がいっぺんに現れた。その時の情報は過去一〇何年にわたって蓄積されていたものです。

これを見て思ったんです。「これは業だ」と。やった行いが記録されて、その結果が、知らない時に、とんでもない最悪の形で降りかかってきた。「業と同じじゃないか」と思いました。このパナマ文書が最初ですが、それはもう古くなってしまいました。今は、もっとすごい事件がいっぱい起こってきていますから。

「業」というものがネットをとおして現代に蘇る、というのが私の考え方であります。二〇世紀の段階では、「業」なんて、全然信じていなかった。お釈迦さまの時代に「業」はあったし、「輪廻」も信じていたけれど、二〇世紀の現代社会において「業」だの「輪廻」だの、そんなものはないだろうと私は思っていたのです。ところが最近、ネットが発達するにしたがい、「業」と同じ社会システムの中に、我々は今、ほうりこまれつつあるんじゃないかと気がついたわけです。

では、釈迦の時代の業とネットカルマの間に違いがあるか。もちろんあります。実は「ネットカルマ」の方がはるかに恐い。「ネットカルマ」に比べたらお釈迦さまの説いた「カルマ」なんて優しいものです。「ネットカルマ」の方がはるかに悪質です。

ではどういう点が悪質なのか。お釈迦さまの時代の仏教の「業」は、「親の因果は子に報わない」んです。昔、日本では「親の因果が子に報い」などと言いましたが、これは仏教の考えからいうと、全く間違いです。親のやった行為の業の結果が子どもに伝わる。こんなことは仏教では言いません。業は自業自得、自分でやった行いが自分に戻ってくると考えるわけです。親がやったことの業が子に伝わることはない。お釈迦さまの時代の業は、人が、原因となる行為を行って、あとで本人にその結果がきたら、それで全部チャラなんです。前に行なった原因としての業は、結果としてたとえば私が地獄に落ちたら、その段階で完全に消費され、パワーはゼロになる。そしてまた、新たに何か善いこと、悪いことをすると、その業として結果が起こる。こうして、一サイクルごとに完結したものなのです。

ところがネットカルマは、そうはならない。原因がずっと残る。結果がきても残る。ずっと前ですが、私の知っている、ある社会的地位のある家の息子さんが盗撮をした。名前も住所もネットに出ました。今でも探すと出てくる。十数年前です。その方には奥さんも子もいました。そしてその情報は消えない。本人が死んだ後も消えない。ネットだから。情報としてはそのまま、そこにある。

そして三〇年、四〇年たって、子や孫の代になって、彼らが就職しようという時、会社としては身元調査のようなことでその人の名前をネットで引く。いろんなところに張ってあるリンクをたどっていくと、その人のおじいさんがやった行いにたどり着く。おじいさんが盗撮したと出てくる。結果として孫にその影響があるかどうかはわかりませんが、ともかく、もしもそのことによって孫が就職で不利な目にあったりすると、亡くなったおじいさんがやった行いが孫に報いているということになる。「親の因果が子に報い」さらには「祖父の因果まで子に報う」のです。

これは釈迦の「業」にはなかった新たな局面であります。恐いでしょう。怖い話はもう一つあります。業は結果が出たらおしまいなので、原因と結果は一対一対応で、その対応が出たらおしまいですが、原因がいつまでもあると、結果が何度もくる。盗撮をした段階でワーッと広がって「あの人、盗撮したんだって」と大炎上して、その時、職を失い、ひどい目に遭う。シュンとなって、しょうがないから匿名で新しい職を探して、それ以後、コツコツとまじめに一〇年間仕事をした。

ところが一〇年後、誰か有名な人が盗撮をしたという事件が起きた。みんながその事件をネットで見るとリンクが張ってあって、一〇年前のその人の事件にたどり着く。「あの人、顔似ているわ」となって、二度目の結果がくる。何回くるかはわかりません。こうして釈迦時代の「業」と違って、「ネットカルマ」の場合、情報が消えないため、繰り返し何度も報いがくるという恐ろしい側面がある。お釈迦さまでも気がつかない、予想できなかったような恐ろしい業の世界に我々はいるということであります。

●ネットカルマからの脱出法

こうして私たちは、「ネットカルマ」という新しい時代に突入しつつあるわけです。ではどうするのか。お釈迦さまの時代の業の世界とよく似た世界が現れつつある時、まさにそこでの解決策もまた、お釈迦様の教えの中に見いだせると考えます。それは、二重構造社会の概念です。

当時の仏教世界は、世俗の善悪の中で暮らしながら、その中での幸福、すなわち世俗的幸福を求める在家者の世界観と、それとは別に、その世界観そのものから逃れたい、善悪の世界に生きることは苦痛だから、そこから脱出して、涅槃という永遠の寂静を願う仏道修行者の世界の二重構造になっていました。ネットの世界も、ネットの内部で幸せを求め、その幸せに安住したいと願う人と、そこから逃れることで幸せを得たいと願う人の二重構造になっています。

ネットの中で幸せな状態を満喫して、「私は十分幸せです」と、何の不満もなくネットの中にすっと溶け込んでいける人もいる。代表は「いいね」教の人たちですね。「いいね」をもらうことが幸せなんだと思って生きている。ネットの中で評価され、ネットの中でみんなから認証されることを幸せだと考える人。お釈迦さまの時代でいうと「善いことをして天に生まれましょう」と願うことと同じ。それは一時的な幸福ですが、それを否定はできません。その人にとっての幸せ感を壊す必要はない。それはそれで結構です。ネットの中で幸せを感じて人生を生きる人はいっぱいいますし、それもまたまっとうな人の生き方です。

しかしその一方で、「ネットカルマ」という恐ろしい魔の手、被害にあって苦しむ人たちもたくさん出てくる。ネットの中で、みんなから誹謗中傷を受けて自殺しようとする人がすでにいっぱい、この世の中に現れてニュースにもなっています。ニュースになるような有名人でネットの苦しみに堪えきれずに自殺をする人がいっぱいいるということは、有名人ではないが同じように苦しんでいる人はまだまだいるということですね。

「ネットは便利で幸せだ」と思って生きている人たちの裏側に、「そこから逃れなければ生きていけない」と苦しんでいる人たちがたくさんいるということを理解しなければなりません。その人たちは仏教がいうところの「出家希望者」に相当する人たちであります。そして釈迦という人物は、そういう人たちを救いあげ、どうやって新しい生き方を与えるかを考えた人でありますから、釈迦が残したさまざまな言葉、釈迦がつくった修行システムそのものが、今の「ネットカルマ」の中で行き場を失った、閉塞感で今にも命を絶とうとする人たちを救う力があることは当然のことです。

そういう意味で、二一世紀にネットの世界で「業」が蘇ってきた時、釈迦の教え、仏教の教えをきちっと押さえて、どのように対応可能かを見ていくことは、仏教関係者にとっては非常に大事な、喫緊の課題になるということであります。

「佐々木さん、どんな方策があるか言ってみて」と言われても、これは難しい。まだ「ネットカルマ」そのものが社会問題として、それほど本格的に表に出てきていないから、苦しんでいる人たちの実態がわからないところがある。そういう人たちは他の人にそのことを公に伝えられない人が多い。なぜなら、ある程度ですが、「ネットカルマ」の中で被害にあっている人は、相応のことを昔やったという事実があるからです。盗撮したとか、自分にとって後ろめたい行為があって、それがネットの中で拡大されて被害にあっているものだから、表立って口に出して言えないことがある。

ただしそれは一部の人であって全部ではない。大事なことは、何も悪いことをしていないのに

「ネットカルマ」の中で被害にあっている人も大勢いるということを十分承知しておかねばならないということです。本人は何もしていないのに、邪悪な人がその人の情報の悪そうなところだけ集めて流す、となると、何も非がないのに「ネットカルマ」の邪悪性によって大いなる被害を受けることになる。そういう人もたくさんいることを知っておかないといけない。「ネットの中で非難されているから何かやったんだろう。火のないところに煙は立たない」という話ではないことも知っておかないといけない。

私たちは、「ネットカルマ」の中で叩かれている人をみると、「当然だろう、悪いことをしたから、そういう目にあうんだ。自己責任だ」という言い方をしますが、「ネットカルマ」で恐いのは、自己責任として受けなければいけない罰の何十倍、何百倍もの被害が「カルマ」によって与えられるという点です。「悪いことをやったからひどい目に合うのはあたりまえだ」ということではなく、「やったことにそぐわないほどのひどい目にあっている」という思いを、その人たちに向ける必要があるのです。

悪事を行った人がどれくらいの罰に相当するかを決めるのは司法です。ネットではありません。司法が決める。盗撮したらこれこれの罪、保険金殺人で計画を立てて人を殺したらこれこれ、と罪を正しく断罪するために司法があり、それが罪の断罪として信頼できる基準なのに、ネットはそれを全く無視する。「ネットの中で公正なる判定を下そう」という思いではなく「ネットを使って自分よりも弱いものをいじめよう」という思いで人を断罪する、恐ろしい世界なのです。

こうして考えてみますと、ネットを通じての人に対するさまざまな批判、行為が、私たちの奥深い「煩悩」に基づいて行なわれていることに思いが至ります。自分よりも弱いものはどこにいるか。弱い立場の人を抑圧しても何の処罰も受けない、ばれない場所はどこかとネットの中を探し回って、弱そうな人をいじめて回っている。自分の部屋の中でコンピュータ相手にやるから邪悪さは表に出ませんが、それが具現化したら醜い人間の姿が現れるでしょうね。そういうものに我々はさらされている。「邪悪なネット」という煩悩の固まりの中に放り出されて、好きなように弄ばれる時代が今、きているということです。

そしてそういう状態で被害に遭い、苦しんでいる人たちがたくさんいるのだということへの共感、自分はそうなっていなくても、「そうなっている人がいることを理解する力」、これは差別を是正するために、絶対必要でしょう。自分が差別されたから差別をなくすのではない、自分でない人間が差別されていても、その人が差別されている状況を汲み取る力がなければ差別は絶対治りません。

それと同じように、ネット上で「自分は今、平気でやっています。楽しんでいます」と思っていても、実はそのネットの中で命を絶つほど苦しんでいる人たちがいるのだという共感があって初めて、そういう人たちを助ける気持ちになる。「助ける」と言っていても、いつ自分が助けられる身になるかわからない。そういうことが迫ってきているということです。

お釈迦さまの偉業の中であまり知られていないことがあります。それはなにかというと、業の世界で苦しんでいる人たちを助けるための「システム」をつくったことです。業の世界の中で生きられない人たちの人生を丸ごと救いあげる、現実的な人間システムをつくったところに釈迦の一番の偉さがあるのです。仏教用語でいうと「サンガ」、仏教僧団、つまり世の中で生きられない人に対して、「あなた、俗世から出なさい。私たちが丸ごと引き受けましょう。私たちがつくったこの組織にきなさい」と、その人の人生を丸ごとを受け入れられる受け皿としての組織を設定したところに釈迦の一番の偉さがあります。

「気にしなくていいよ、楽に生きなさい」などという言葉だけだったら誰でも言えますよ。しかし実際には、その人の人生を引き受けないと救えない。そんな人に対してどうするのか。釈迦はそのための組織をつくろうと決めたわけですね。善因楽果、悪因苦果の業の世界で右往左往しながら苦しんでいる人たちに、「その業の世界そのものから脱出して、平穏で安楽な世界で生きる道がある」ということを、実際の組織として実現したわけです。だからこそ仏教は、二五〇〇年もの間、人々を受け入れ、救い続けることができたのです。

ともかく世俗の人たちから見ると、善いこともしない、悪いこともしない、ただひたすら自分の修行に打ち込む人たちが社会的にちゃんと認められる、承認される組織を作って運営するにはどうしたらいいかを釈迦は深く考えたのであります。

「ネットカルマ」の話に戻しますと「ネットカルマ」の中で苦しんでいる人たちが、そこから逃れる一つの道、お釈迦さまの教えにそった道であるならば、それは「ネットという世界と縁を切ってネットを使わずに山奥に入って一人で暮らす」ということではありません。俗世で暮らしながらも、ネットの中の価値観をヨシとしない人たちが集まって、励ましあいながら自分たちだけの価値観を大事にしながら生きる世界をつくる。ネットの中で「いいねをもらって、みなから褒められることを私たちはちっともいいことだと思いません」という世界観で生きる世界です。世の中から見ると変人に見える。そういう変人の人たちでも世の中で生きていけるシステムをつくることが大事なことだと思います。

お釈迦さまの頃は情報交換手段が口伝えだけだったから、お釈迦さまの教えを聞いていっしょに修行しようという人は同じ場所に集まるしかなかった。情報伝達手段がないから、いっしょに暮らすしか教育の方法はない。ところが今は、ありがたいことにネットがある。ネットを利用することによって「ネット的な価値観から逃れたい人たちが共同ネットワークをつくる」ことが可能なのです。

盗撮をした、その結果、炎上してどうにもならない。社会から追い詰められて誰にも相談できない。「どうしようか」と思っている人たちの集まりがあったとしたら、「あなたたちは確かに非難されることをしたかもしれないが、しかしながらネットという恐ろしい邪悪なシステムを通して、実際の何十倍、何百倍もあなたたちに報いを与えている。これは決してあなたたちがやった行いに対する正当な報いではないのです」と、きちんとその人たちに伝えてくれる組織があったら、その人はその組織を拠り所にして、もう一度生きる道を取り戻すことができるかもしれません。

今、そんな組織は多分ないと思います。「ネットカルマ」は奥が深い。悪質なもので、これがどれほどの被害を与えていくか、実態もまだ解明されていない状態です。実例もあまり出てきていませんが、それが出てくるのはこれからですね。そうなった時、予め仏教という、同じような世界の閉塞感から逃れようとした二五〇〇年前の道があることを知っていると、それを手本として新たな物差しとして使えるのではないかというのが私の考えであります。

差別の話から始まりました。世の中の差別的な問題は、それが解決するペースよりも、増えていくペースの方が早いと思います。しかも問題は、より深刻になっていくと思います。新たな差別、新たな煩悩発露の話が次々に現れて、私たちは善い人間になろうと思って努力しているのに、どんどん煩悩まみれの人間になりつつある、そういう社会にいるという自覚は必要だと思います。

ともかく今、我々は「ネットカルマ」という新たな苦しみの第一歩、端緒にいることを知っておく必要がある。これからの若い世代は、最初からそこにほうり込まれる状態になる。若い命を救うためにも「ネットカルマ」を我々が理解し、そして被害にあっている人たちへの共感を大事にしなくてはいけないのではないかと思っております。これで終わらせていただきます。ありがとうございました。

（第33回花園大学人権週間・二〇一九年一二月三日）

仏教と看取り～終末期のスピリチュアルケア～

玉置妙憂

●はじめに～看護師から訪問スピリチュアルケアの活動へ

みなさま、こんにちは。玉置妙憂と申します。看護師歴はそろそろ三〇年になります。心臓血管外科、脳外科、消化器外科、乳腺外科と、なぜか外科ばかりに勤務してきました。今、外科病棟はがんの方がほとんどです。二人に一人はがんになる時代と言われますが、そもそも、がんというのは加齢現象の一つです。何かの原因があってなるというよりは、歳をとればがんになるというのが生き物としての宿命なのです。ですから、今、世界で一番の長寿国となった日本が、がん大国でもあるというのはあたりまえのことです。私たちの遺伝子は一二〇歳まで生きられるようにプログラミングされていると言われていますが、もしすべての人が不摂生をせず一二〇歳まで生きていることができたとすると、全員、身体のどこかしらにがんができると言われています。

そういったわけで、がんができるのは致し方ないこととはいえ、がんと闘っている人が心理的に大変な思いをしているのも事実です。私はがんと闘っている方の大変さをずっと拝見してきました。だから、夫ががんになり、数年後に再発した際に予後について医師から聞かされたとき、「入院して治療をするのではなく、家にいたい」と言い出したときにはさまざまな思いに翻弄されました。治療を続けて欲しいという思いと、彼の希望通りにさせてあげたいという思いがあったのです。

一カ月ぐらい、主人と時に話し合い、時に言い合いをしました。話しているうちに、彼は「どうしてもやりたいことがあって、それをやるためには家にいるしかないのだ」と言っているのがわかってきたのです。彼がどうしてもやりたかったことは二つありました。ひとつは、がんになったときから、プライベートで撮りはじめた写真の整理です。彼は、大きな木ばかりを追いかけて撮っていました。

気に入った大きな木をやっと探しあててそれを写真に収めようとするとき、みなさんでしたらどういうふうにカメラをかまえますか？　私でしたら、広がる空をバックに、空に向かって伸びていく大枝の先を撮りたいなと思うのですけども、彼は大きな木の根本ばかり撮っていました。

その一連の写真に「根本さん」という名前をつけ、撮り貯めていました。その写真のデータの整理をしたかったのです。

彼が使っていたのは、デジカメではなくて、蛇腹のついている大きなカメラでしたから、撮ったデータを特殊なパソコンに落とし込み、何千倍と大きくしますと、その画面上に星の数ほど映り込んでしまった埃が見えます。その埃をひとつひとつマウスを使ってポチッポチっと取っていくのです。本人はその作業を「ゴミとり」と言っていました。特殊なパソコンですから病院に持ち込むわけにもいかず、家にいたいひとつ目の理由になっていました。

ふたつめは、彼はとても熱心な患者だったので、毎晩欠かさず自ら進んでアルコール消毒をしたかったのです。それを別の言い方で言うと「晩酌」ですが、その二つをやるために家にいたいのだということだったのです。

十分に話し合ってから踏み切った在宅療養でしたが、その後、何も迷うことなく物事が静かに進んで看取りに至ったわけではありません。途中で私たちは二回も救急車のお世話になりました。一回は突然襲ってきたひどい痛みです。もう一回は腹水です。病院に行くたびに先生から「もう、しばらくこのまま病院にいたほうがいい」と言われたのですが、医者の言うことを聞くような人ではありませんでした。そんな紆余曲折を経て、なんとか家でゴールテープを切ったのです。

私は職業柄、亡くなられた方のお身体というものをたくさん拝見してきましたが、おおむね浮む腫まれていました。ところが飲めなくなったら飲まない、食べられなくなったら食べない。点滴もしませんでしたから、本当に見事に枯れるように命をとじていきました。その死にざまは本当にきれいで、潔く、荘厳でした。人間は、こんなふうにきれいに死んでいけるものなのだと、私の価値観を根底から覆す姿でした。

そして、四十九日。彼の骨をお墓に入れての帰り道、「そうだ、出家しよう」と思ったのです。「なぜ、出家?」と、よくお尋ねいただくのですけども、自分でも、よくわかりません。家が寺なわけでもないし、特別に仏教を勉強していたわけでもないのですが、とにかく出家しようと決めました。その後、ご縁がつながり高野山に帰依することになりました。修行に行く前に職場を訪問看護に変えていたのですが、修行を終えて山を下りてきたら、頭を丸めた僧形になっていたわけです。

その姿を見て困り顔をしたのは医師です。「いやいや、そうかそうか、そうなったか」と。在宅療養中の方々の中には、余命幾ばくも無い方も多いわけで、そこへ僧形の者が行くというのは、「早い!」とか「呼んでない!」「なにフライングしているんだ!」といったクレームがくるのではないかと懸念したわけです。しばらく考えましたが、結局「まあ、いいや。行ってみよう。行ってみてクレームがきたら申し訳ないけども君、カツラを被ってくれよね」ということになりまして、「まずは行ってみましょう」となったのです。

修行に行く前にお目にかかった方が幸運にもまだご存命だったものですから、そちらの方がふさわしかろうということで最初にお邪魔させていただきました。お伺いしましたら、塩は撒かれず「まあまあ、あなた、そうだったのね、そうだったのね」と歓迎していただきました。何がそうだったのかわかりませんけれども、お話がスルスルと始まったのです。

私が看護師の恰好をして訪問していた時も、お話はしていました。「今日はおなかが痛い」「いつもより苦しい」「熱がある」など、お体のことはいっぱい話してもらっていたのです。ところが、こういう体になって行きましたら、いきなり「ちょっとあなた、そういうことならこれを見てよ」とご自分の頬を指し、話し始めました。そこを拝見しますと、言うなればシミです。老人斑です。少しは修行を積みましたから「はあ、老人斑ですね」といわずに、このお話はどちらへ進むのだろうということで、「はあ、はあ」と聞いておりました。

そうしますと、「あなた、これ羊に見えるでしょ?」と。その方は、肺がんの末期でした。初発は一二年前の羊年。その時は六人部屋に入院されていて、同室の方から羊のぬいぐるみをお守りにもらったのです。それも見せてもらいました。もう一二年前の羊さんが、十重二十重に袋にくるまれ大事にされていて、まだ真っ白でした。「この羊のぬいぐるみが守ってくれて、ここまで自分は元気にきたのです」と。ところが今回、再発し、家で療養することになりました。羊のぬいぐるみをくれる同室者がいません。困ったな、今度はお守りが手に入らないと思っていたら、頬に羊が出てきた。「これは守り神でしょ?」というお話だったのです。そういうお話であれば「おっしゃる通りですよ。これは守り神にしか見えません」ということでいいわけです。仮にその方が、「これを見てよ、これは呪いの印でしょ?」とおっしゃったら、「いいえ、老人斑ですよ」とお答えすればいいだけのことですね。

実はこのお話を、息子さんにもされたそうです。その方は息子さんと二人暮らしなのですが、息子さんは朝早くに仕事に出かけて夜遅くに帰ってくる、いわゆる日中独居の状態です。その疲れ切った息子さんを、どこかのタイミングで捕まえ、頬の羊を見せたのでしょう。そうしましたら、息子さんはちょっと虫の居所が悪かったのかもしれませんが、こう言ったそうです。「ばかばかしい。何をそんな迷信みたいなことを言っているのだ。いい加減にしてくれ」。

そのあとも、この頬に現れた羊のことを誰かに話したいと思っていたのですが、訪問看護の看護師、訪問診療の医者、訪問介護のヘルパー、みんな忙しそう。「話したいけど話せない、誰に話したらいいのだろう」と思っていたところへ、私がお伺いしたというわけです。飛んで火に入る夏の虫、とはこういうことを言うのでしょう。「この人なら聴いてくれるだろう」と話をしてくれたということでした。

それは私が高野山で修行を積んだから話を聴けるようになったとか、そういうことではありません。何が原因かというと、この恰好です。この恰好が「あなたのそういう話を聴けますよ」というわかりやすい旗揚げになっているということです。「いるだけでいいんだ」、とよく言いますけども、人間の姿形が、助けになるということもあるのです。もちろん外見だけでなく、中身も育たなければいけませんが、医療だけでは手が届かないところに宗教家は入っていける可能性があるということを修行から戻った途端に経験しまして、坊主頭の効果は絶大だなと思ったわけです。

その後、「訪問スピリチュアルケア」に重点を置いて活動しています。つまり、余命幾ばくもない方、そしてその方を看取ろうとしているご家族のお話をお聴きするためにだけ、お伺いしています。というのは「看護業務をしながらスピリチュアルケアをする」というのは無理だということが、よくわかったからです。

なぜかといいますと、看護師が持っている時計と、もう亡くなろうとしている方が持っている時計は速さが違うのです。私たちは、誰もが同じ時間の流れの中にいるわけではないのです。まったく速さが違います。時計の速さが違う者がいくら耳を傾けても、話を聴ききれないのですね。ですから、今は、看護師の時計を捨て、その方と同じ速さで時を刻む時計を持って、話を聴くためだけに訪問しています。それが今の私の主たる仕事です。今日は、その活動の中で考えたり、気付いたりしたことをみなさまと共有させていただければと思います。

●「多死時代」に備えて〜現代医学がくれた四つのお土産

最初に振り返りたいのが、これからの日本の人口動態の変化です。高齢社会になって久しい日本ですが、特にこれからは後期高齢者が増えていくのが日本の特徴です。後期高齢者、七五歳以上が爆発的に多くなります。これは地球上でも、日本が最初だと言われています。後期高齢者が多いということは、当然、亡くなる方が多くなります。

さて、今、日本で一年間に、どれぐらい人が亡くなっていると思いますか？　人口は今、約一億二五〇〇万人です。二〇一八年、一三二万四〇〇〇人が亡くなりました。一〇数年前に私がまだ大学病院にいた頃、院内の会議で年間死亡数一一〇万人という数を掲げて、「現代医学でも見たことのない未曽有の数だ」と言っていたのを記憶しています。その数は、あっけなく超えました。

しかし、この数はまだピークではありません。二〇四〇年には一六六万人が亡くなると予測されています。一六六万人が亡くなる。これを時間で割ってみたところ、二〇秒に一人亡くなる計算になりました。この部屋に七〇人ぐらいいらっしゃるのでしょうかね。この部屋の人たちも三〇分もたたないうちに全員いなくなる。それぐらいの速さでバッタバッタと人が死ぬ「多死時代」がやってきます。

「多死時代」に備えて、厚生労働省は今、どちらの方向に行こうとしているのでしょうか。それを知るには、二年ごとに検討されています診療報酬の点数が何処に分配されているかを見るとわかると言われています。点数のついたところにお金が流れ、お金が流れるところに人も流れますから、世の中をどちらに導きたいかの意図がそこに現れるわけです。

さて、今、どこに点数がついているかというと、「在宅での看取り」です。つまり、私たちは、歳をとっても、病気になっても、死にそうになっても「家にいてね」と言われているのです。果たして、それを実行できる文化が地域で暮らす人々の中にあるのだろうか、ということが問題になってきます。

現在は、戦後七五年になりますけれども、家で死ぬか、病院で死ぬかという事については、一九七六年がターニングポイントでした。一九七五年までは、それでも家で死ぬ人が多かった。しかし、一九七六年を境に病院・施設で亡くなる人の方が多くなりました。現在、在宅での看取り数は一〇数％にとどまっています。八〇％近くが地域の病院か施設で亡くなっているのが現状です。

ところが、臨床の現場ではベッドが足りないという事態が起きています。東京の緩和ケア病棟の例をあげましょう。緩和ケア病棟というのは余命三カ月となって初めて入院の対象となるのです。「あと残すところ三カ月」。ところが東京のある緩和ケア病棟では、ベッドが常に満床で、入院するにはだいたい「六カ月待ち」という事態が起きています。余命三カ月のところ、六カ月待っているうちに逝ってしまいそうですね。緩和ケア病棟のベッドが空くのを待ちながら、在宅で亡くなる方もいらっしゃるのが現状です。

そのような現状を踏まえて、これまで病院や施設で預かってきた「死」を、「最後まで地域で過ごしてください」「家族で看取ってください」と戻しはじめたのです。しかし、これまで少なくとも四五年間、病院や施設という箱の中に任せきっていた「死」というものを、もう一度受け止める文化が、果たして地域や家族にあるのでしょうか。戦後、七五年をかけて、現代医学が私たちの生活をどのように変えたのか、現代医学がくれた四つのお土産について考えてみましょう。

ひとつめは、延命至上主義。一分一秒でも長く生きることを良しとする考え方です。医者は六年、看護師は四年、大学で勉強してきていますが、その時間割の中に「死」というものを学ぶ時間は一時間もありません。病気を治療する。治せないなら現状を維持することを学んできています。しかし、現代医学がいくら優れているとはいえ万能ではありません。いずれ打つ手がなくなって人間は死んでいくわけですが、その「死」については何も学んでいないのです。

臨床ではしばしば、「もううちではやることがないので退院してもらえませんか」と転院の話を医療側から持ち出すことがありますが、ここに現代医学の守備範囲に「死」は入っていないのだという事が如実に現れているような気がします。つまり、現代医学は看取れない。こう言われれば、患者は「ここまで来て見捨てるのか」という気持ちにもなるでしょう。もちろん、命を助けられないという苦しみを医療側も持っています。その苦しみは敗北感であり、だからなおのこと「死」にかまっているヒマはない。助けられる命があるなら、そちらを優先したいとなるわけです。

医療現場の人たちが、治す、命を続けるということに軸足を置いてやってきましから、その姿勢を見てきた一般の人たちには「病院に行けばなんとかなる。どんな状態でも病院に行けば助けてもらえる」という「病院信仰」が生まれてしまいました。これが、現代医学が私たちにくれたひとつめのお土産です。

ふたつめは「専門化」と「細分化」。現代医学は私たちの身体をパーツで分けました。ですから、ものすごくたくさんの科に細分化されました。ある方が受診中に「先生、実は胃も痛いのですけど」と言ったら、医師が「ごめんね、僕、脳外科なのだよ。だから胃のことはちょっとわからない」と。消化器に行ってくださいと言われてあらためて消化器を受診して、「先生、胃が痛いですけど」と言ったら、今度はその医師が「ごめんね、僕、膵胆管(すいたんかん)なのだよ」と。「だから胃のことは胃腸科に行ってください」。

現代医学は私たちの身体をパーツで診ているので、こんな笑い話のようなことも起こるのでしょうか。もちろん、細分化して専門的に診たからこそ医学が進歩したということもあります。けれども、私たちの身体はもともとつながっています。若くて予備力のある身体なら胃だけが悪く、ほかは問題ないということもあるでしょうが、予備力を持たない年齢になりますと、胃が悪ければ、それに引っ張られてあちこちおかしくなるのが普通です。ですから、ひとりの人間としてまるごと診てくれる医者と、仲良くなっておかないと不安です。「今日は皮膚科、明日は胃腸科」という受診も元気なうちはいいですけども、経済的にも体力的にも大変なことになっちゃいますから。これがふたつめのお土産です。

みっつめは「死のタブー化」。本屋さんには、アンチエイジングや再生医療に関する本が平積みで、いつもベストセラーです。「これをやるだけで二〇歳若く見える」「これだけで若返りは可能」、こういう風潮は、私たちの生活の中から「死」の影を追いやります。「人間って死ぬのですか？」と聞かれれば「死ぬに決まっているでしょ。そんなのあたりまえですよ」と答えるのですが、「あなたも、あなたのご両親も死ぬのですけれど……」という言葉は右から左に流れてしまって腹に落ちていないのです。

臨床で、こんなことがありました。七〇代の息子さんですが、九〇代のお母さんを受診に連れてきました。主訴は、お母さんが、昔みたいに食べられなくなってしまった、ということです。

医師は一通り検査したのですが、これといって悪いところはありませんでした。そこで医師は「お母さんの症状は歳相応だ」と説明したのですが、息子さんは納得しません。「治すのが医者だろう」というわけです。はたして、九〇代のお母さんがかつてのようによく食べられるようになるものでしょうか。もちろん、人間はいつかは死ぬという事を理解されています。でも、大事なお母さんも死んでいくのだということについては、承服できないのです。腹に落ちない。これが「死がタブー」になっている社会で生きている私たちの状況です。

食べ物もそうですね。私の母の小さい頃は、庭先で鶏を飼っていたそうです。ハレの日、祭りの日になりますと鶏を絞める人が来て、今まで「コッコちゃん」と呼んで餌をあげていた鶏をキュッと絞めてもらってみんなで食べたそうです。それでうちの母はいまだに「ちょっと鶏肉は苦手」と言っていますけれども、同時にその場面から、「私たちは自分の命を続けるために他の命をもらっているのだ。命はこうやって巡り巡っていくものだ。自分の命だけが永遠であるわけではない。私の命もいつか巡ってバトンタッチしていくのだろうな」と、学んでいたのではないでしょうか。

ところが、今、肉はきれいにパックになってスーパーに並んでいます。魚もそうです。東京のある保育園で、先生が園児さんたちに「海の中にお魚を描きましょう」と言ったら鮭の切り身を描いた子がいたという話を聞いたことがあります。みなさんは水族館に行って、泳ぐマグロを指さして「おいしそうだな～」などと言っていませんか？　今の幼い子たちは水族館で泳いでいるマグロは魚のマグロ。お寿司で廻っているマグロはお寿司のマグロと分けて認識してしまっているのではないでしょうか。「あの生きているマグロを捕まえてきて、頭をパーンとやって血がバーッと出て、さばいて、このお寿司になったのだよ」などと言われたら、「気持ちわる～い」と食べられなくなってしまう子もいるくらいです。私たちには、ほかの生きものの命をもらって生き続けているという感覚が薄い。日常生活の中に一切「死」がない。そういう中で私たちは生きてきてしまったのです。

半年くらい前だと思うのですけども、私たちの日常が「死」に対処できなくなっていることを如実に表した出来事がありました。最近、空き家が目立ちますね。その空き家を利用した「看取りの家」をつくろうという話があったのです。各家でそれぞれ看取ろうとするとマンパワーもなくて、気持ちの支えもなくて大変だから、同じような境遇にある方が空き家に集まって協力しながら最後まで、そこで生活できればいいじゃないか。「看取りの家」があれば、派遣するマンパワーの節約にもなるし、「おひとりさま」の心配もないですよね。

素晴らしさに刮目して注目していましたが、結果的に成立しませんでした。地域の人の大反対です。もし、隣が空き家で「看取りの家」になったとすると、「日常的に死を見る」ことになります。それはいやだと大反対したのです。「看取りの家」は結局、成立しませんでした。地域の方々が反対したことを云々言うつもりはまったくありません。私たちの文化が、「死をタブー化」しているのだ、ということです。これがみっつめの現代医学のお土産です。

よっつめ。「生と死の曖昧化と多様化」。昔はすごくシンプルだったはずです。食べられなくなったら、飲めなくなったら終わりだった。ところが今は食べられなくなっても、飲めなくなっても医学にはやれることがあります。

ＡＬＳという病気をご存知でしょうか。筋萎縮性側索硬化症という非常にシビアな病気です。最後の最後まで頭脳はクリアで正常です。感じたり聞いたり考えたり、全部できます。でも、神経と筋肉が徐々にダメになっていくのですね。できないことが増えていく。今、現代医学ではこの病気を治すことができませんから、発症したら徐々に悪くなっていくプロセスを過ごしていくしかないのが現状です。

その道のりには、たくさんの分かれ道があります。最初にくる分かれ道は歩けなくなること。「車椅子使いますか、どうしますか?」という選択肢がでてきます。ほとんどの方が「もちろん、使います」と車椅子を使って生活をするようになります。さらに時間が過ぎますと、次には食べ物をゴックンと呑み込めなくなる。私たちが食べ物を呑み込むことができるのは、すべて、筋肉のおかげです。その筋肉がうまく動かなくなりますから、呑み込めない。この病気は回復する可能性がありませんから、最初から胃ろうという選択肢になります。身体の外側から胃まで穴をあけて、直接、胃袋に栄養をとどける仕組みです。「胃ろうをつくりますか、つくりませんか？」と医者から訊かれます。もし、「胃ろうはつくりません」と選択すれば、身体に必要な栄養が十分に入りませんから、数カ月で亡くなることになるかもしれません。「いや、それは困ります」。それで胃ろうをつくりますと、また命が続いていきます。

さらに時間がたちますと、今度は呼吸がままならなくなります。呼吸をするというのは、呼吸筋という筋肉で風船のような肺を引っ張って伸ばしたり、押して縮めたりして息を出し入れしているのです。その筋肉が一切動かなくなると、風船はあるけれど息の出し入れができず呼吸ができないという状態になります。「人工呼吸器をつけますか？　つけませんか？」。もし「つけない」と選択したら、今度は数カ月などと悠長なことは言っていられません。その日の夜に呼吸が停止してしまうかもしれません。「それは困ります。呼吸器をつけてください」。呼吸器をつけて、また命が続いていきます。

身体の変化と同時に、もうひとつ変わっていくのは、コミュニケーションの方法です。最初は普通に話ができますが、舌も筋肉です。だんだんとうまく動かなくなり、話すことがむずかしくなってきます。言葉を失います。次には手指を使ってコミュニケーションをとります。「ＯＫだったら一番、ダメだったら二番とやってね」と決めておいて、ＯＫとかダメとか、そっちがいいとか、指先の合図でコミュニケーションをとっていくわけです。でも、この手指もいずれ動かなくなります。

次は、瞼と眼球の動きでコミュニケーションをとります。「大丈夫だったら一回まばたきして。ダメだったら二回まばたきして」「どっちがいい。いい方を見て」とか、文字盤を使って「これ？どっちにある文字？」と瞼のパチパチと眼球の動きでコミュニケーションをとっていくのです。しかし、いずれその瞼と眼球も動かなくなります。その状態を「ロックする」といいます。止まる前に本人と相談し、「目はまっすぐ前を向いて止めるのか、少し下を向いて止めるのか、少し横を向くのか」「瞼は開けたままにするのか、閉じたままにするのか」を相談します。そして、何一つコミュニケーション手段がない状態になるのです。次の文章は、この病気のお母さまをずっと看病し看取られた娘さんの手記の一節です。

娘さんは朝になりますと、お母さんのところに行ってお母さんの瞼を開けてあげる。朝になっても、お母さんは自分で瞼を開けることはできないからです。そして、横に立っていたのじゃ、まっすぐ前を向いて動けないお母さんには見えませんから、お母さんの視野に入るようにお母さんの顔の上に顔を出して、「お母さん、おはよう」と声をかけるわけです。お母さんからは、「おはよう」は返ってきません。

そのうちに、この娘さんがすごく悩み始めるのです。これまでの療養生活の中には、ありとあらゆる選択肢、分かれ道があった。全部「やる、やる」と選んできた。そして今、この状態でお母さんは今「生きていてよかった」と思ってくれているのだろうか。これでよかったのだろうか。「お母さん、これでよかったの？」と訊いても、お母さんからは、もう何も返ってこないのです。この病気の辛いところは、感覚や脳の機能が正常であるというところです。お母さんは、全部、聞こえています。いろいろと考えています。もっと厄介なことに痛い、痒い、暑い、だるい、全部わかっているのです。

これが現代医学のつくった現状です。昔はたぶんもっとずっとシンプルだったでしょう。このお母さんも、どこかの選択肢で「やりません」という、選択をされていたら、今ここには、いらっしゃらないかもしれません。でも、すべて「やります、やります」と選んだから、今、この状態で「いる」のです。多分、昔は生きる、死ぬをもっとシンプルに、寿命とか天寿とか、そういう言い方で捉えていたのではないでしょうか。「おばあちゃん、だいぶ弱ってしまった。でも、これも寿命だよ。これも天寿だよ」「どうなるかは仏さまだけが知っているのだよ。神さまにお任せだよ」と、人智の及ばない大きなものに投げて、折り合いをつけて、腹に落としていったのです。

ところが今は、人間が選ばされる。つけたら続く、つけなかったら死ぬ。それを神さまや仏さまに任せるのではなく、たかだか人間が選ぶのです。やれば続く、やらなかったら終わる、その命を寿命だとか天寿とかそういう言い方で腹に落とせるでしょうか。この状況をつくり出したのが、現代医学のよっつめのお土産です。

選ぶという場面では、心の痛みが当然伴います。今は入院された時、「どこまでやっていいですか？」と確認されることが多いと思います。点滴はやってもいいですか？　でもこれ、限界があって一週間に一回ぐらいは入れ換えなきゃいけない。手の血管は細いからドロドロしたカロリーの高いものを入れたいので胸の真ん中にある中心静脈という一・五センチくらいあるホースのような太い静脈に針先を入れる、中心静脈注射をやっていいですか？　これをやればもう少しお体にカロリーを入れられます。それでも間に合わなくなると経管栄養です。鼻から胃に直接チューブを挿入するか、胃に直接穴を開けて栄養を入れてもいいですか？

それから血圧がままならなくなってきましたら血圧を上げる昇圧剤です。これを使ってもいいですか？　呼吸がままならなくなってきたら人工呼吸器をつけていいですか？　心臓が止まったら心臓マッサージをしてもいいですか？　このように、どこまでやってもいいかを訊かれるのです。みなさま、なんとなくお考えがあるのではないかと思います。

今はご自分のこととして考えていただきましたが、さて、次の場合だったらどうでしょうか。ご自分じゃない、愛する人の場合です。大事なご主人、奥さま、ご両親さま。お子さんだったら、お孫さんだったらどうですか。「どこまでやりますか？」と医師から訊かれるのです。調査結果がありまして、こういったことを決めなければいけない場面になった時、八〇％の人が意思表示できないと言われています。つまり、本人は意識消失しているということです。ということは、周りにいる人が、その人の行方を決めなければならないということです。ご両親さまだったら。伴侶だったら。ましてや子どもや孫だったら。さあ、どうしましょう。自分のことだったら割とさっぱり「ここまででいい」と考えていた人も、大切な人のこととなるとそうはいかないのではないかと思います。自分以外の人の命を左右する。誰もが最後の印籠を渡したくないという気持ちになるでしょう。

以前、こんなことがありました。私が救命のところにいた時に、ご家族がお母さまを救急車で連れてこられた。お母様の状態は深刻で延命をするかしないかということになりました。娘さんは「やってください先生、何でもやってください」と。でも、ご長男さんが「いや、おかあさんは望まないよ。もうやらんでもいいだろう」と。お二人の意見が分かれました。最終的にお兄さんのいうとおりにすることになり、積極的な延命治療はしませんでした。二、三日後だったと記憶していますけれども、お母さんが亡くなりました。その時に娘さんがお兄さんに言っていました。「お兄ちゃんのせいだ。あの時、もっと治療していればお母さんはまだ生きていたかもしれない。お兄ちゃんのせいだよ」。こういうことが起こるということです。

たかだか人間が人の命を左右する選択をしなければならない。命の極限に向き合う場面には、このような苦しみがたくさんあります。それをスピリチュアルペインと呼びます。耳慣れない言葉かもしれませんが、普段は見ることのない心の奥底の、人間が根源的に持っている苦しさ。その痛みがワーッと湧いてきてしまうのです。

●スピリチュアルペインに向き合うスピリチュアルケア

スピリチュアルを和訳しようとすると、なかなか適訳がありません。「スピリチュアルケア学会」というところがあり、そこで毎年、議題になっているのですけども、うまい和訳がないのです。だから、そのままスピリチュアルという言葉を使いますけれども、私たちはみな生まれた時から、「スピリチュアル」の小さな箱を胸の奥底にもっています。その箱は普段はふたが閉じています。でも、あるきっかけでふたが開きます。

ひとつめのきっかけは自分が命の限りを見なければいけないような大病になった時です。たとえば、さまざまな検査の後、医者からがんを告知されたような場合です。「長生きするかなって、ぼんやり思っていたけど、俺ってあと五年ぐらいなのか」という限りを見た時、スピリチュアルの箱のふたが開くのです。ふたつめは家族が、愛すべき人が命の限りを見極めなければならないような状況になった時、自分の身体には問題がないとしてもスピリチュアルの箱のふたは開きます。みっつめは大きな災害や、それから非常に許しがたい事件があったときです。むざむざと人の命が奪われるさまを目の当たりにすると、またしても私たちのスピリチュアルの箱のふたは開くのです。

そして開いた箱の底からどういう言葉が出てくるかというと「私の人生は何だったのだろうか」「生きている意味はあるのか」「あと、どのくらい生きていられるのだろうか」「死んでしまいたいのにお迎えが来ない。こんなになってまで生きていたくない」「死んだらどうなるのだろう」というような問いが湧いてきます。また、家族の看病をしている人たちの箱も開いてこんな言葉が出てきます。一生懸命看病しているのに「いっそのこと、死んでくれたら」と思ってしまう時がある。「疲れてしまった。もう投げ出したい」と言った人もいました。

そうかと思うと、「何としても生きていてほしい。何もできないのが申し訳ない。なんでもっと早く気が付いてあげられなかったのか」と自責の念に押し潰されていた人もいました。これらが、誰もが持っている、普段は見ることのない「スピリチュアルペイン」、スピリチュアルの箱のふたが開いたら出てくる言葉です。

「スピリチュアルペイン」にはふたつの特徴があります。ひとつめは「答えがない」ということです。スピリチュアルペインの問いには、答えがありません。「私の人生、何だったのだろうか」と問いかけられても「こうだったんでしょ」って言ってあげられない。「いつまで生きていられるの？」「何のために生きているの？」と問われても答えてあげられない。それが、スピリチュアルペインのひとつめの特徴です。

ふたつめは、このスピリチュアルペインの声はスピリチュアルの箱のふたが開いている人にしか聞こえないということです。今、ここもラジオや無線の電波が飛びまわっているはずです。しかし、私たちはチューニングを合わせていないので聞こえないですね。それと同じです。小学校二年生の元気な僕ちゃんがいたとしましょう。たぶん、スピリチュアルの箱のふたは開いていないでしょう。その僕ちゃんの前で私が「私の人生、何だったのだろう」と言っても、彼はきょとんとするだけです。

ところが、みなさん方の前で、私が「私の人生、いったい何だったのですか?」と言ったら、みなさんはギョッするのではないでしょうか。「どうした。なんでそんなことを急に言い始めたのだ」と感情がザワっとするのではないかと思います。それは、みなさま方のスピリチュアルの箱のふたが開いているからなのです。だから、相手のスピリチュアルペインの叫び声が聞こえてくるのです。

そして、それが聞こえてしまったら、ノーダメージではいられません。相手の痛みを聞いた人は、必ずダメージを受ける。それがこのスピリチュアルペインの特徴です。だから介護をしているご家族、看病しているご家族は辛い。寝ている本人から「なんで俺が病気になったのだろう。なんで死ななきゃいけないのだろう」って日々聞くからです。それが聞こえてこなかったら辛くもなんともない。聞こえてきてその辛さがわかるから、自分の気持ちも揺れるのです。

　スピリチュアルペインに向き合うことをスピリチュアルケアと言いますが、台湾ではとても盛んなので、六年前からしばしば訪台して、スピリチュアルケアの実践場面を勉強してきました。台湾でのスピリチュアルケアの歴史を簡単にご説明しますと、一九九〇年に初のターミナルケア、緩和ケア病棟ができました。二〇〇〇年には、「私には延命治療をしないでください」という意思表示が書面化されました。日本にも尊厳死協会のリビング・ウィルやエンディングノートがあります。

　二〇〇六年、台湾はその意思表示の内容を保険証に入れ込むようになりました。日本では、エンディングノートを書いて準備していても、いざというとき本人が携帯しておらず、結局、活用できなかったというケースがあります。でも、台湾では保険証さえ持参すれば、意思表示ができる仕組みがあるのです。

　一方、法改正も進められています。二〇一九年に変わりましたのは、一回つけた呼吸器、延命維持装置について、一人の親族が「外す」ことに同意をすれば外せるようになりました。

　実際の台湾大学医学部付属病院の活動をご紹介します。ここは国立大学で、政府の直下の病院です。緩和ケア病棟の中に「祈りの部屋」というのがあります。日本では国立病院の緩和ケア病棟に「祈りの部屋」なんて考えられない話ですが。台湾の宗教は、仏教だけではありません。儒教、道教、キリスト教、イスラム教、と多種多彩です。この部屋にもいろんな神さまがいらっしゃる。この神さまを見たくないという人のためにアコーディオンカーテンがあって、時々閉められたりします。

その病院の出先で、同じく国立病院ですけども、訪問看護のチームがあります。日本では訪問看護師は一人で訪問することが多いのですが、台湾では訪問看護にスピリチュアルケアの専門家が同行することがあります。看護師は血圧を測ったり、薬をチェックしたりという看護業務をします。一緒について行ったスピリチュアルケアの専門家は、おばあちゃんや家族とずっと話をしています。

ある日、帰りの車の中で看護師から「ちょっとバイタル不安定ですよ。そんなに長くないと思う」という話がありました。スピリチュアルケアの専門家からは「いや、家族は全然そう思ってないですよ。今の生活が五年、一〇年続くと思っていますよ」と。これは、すり合わせをしなくてはいけません。次に訪問した時、「残された時間はそんなに長くないのだ」とちゃんと伝えていきましょう、看取りの準備に入ってもらいましょうと話し合っていました。このように、心身両面からきちんとサポートをしています。

台北にある大悲学苑は、隣が饅頭屋さんで隣が雑貨屋さんという、商店街の中の一角にあります。ここに誰がいるかというと、スピリチュアルケアの専門家である僧侶とボランティアです。

この人たちは、二〇〇〇年にターミナル病棟をつくった時に、法鼓山の僧侶と台湾大学医学部附属病院の緩和ケア病棟の医者が共同で育成をはじめた、スピリチュアルケア活動の担い手です。台湾は在宅で亡くなる人が多く、約五〇％です。緩和ケア病棟も症状が落ち着くと家に帰します。その際、「この人は心のケアが継続して必要だ」と思われる人のスピリチュアルケア訪問のオーダーを医師がここに出します。依頼を受けて、スピリチュアルケアの専門家である僧侶とボランティアが対象となる人を訪問します。それが「訪問スピリチュアルケア」です。もちろん訪問看護、訪問診療は別建てで関わっています。

次は、台湾の通常のアパートの例です。私はしばしば台湾に勉強に行き、一緒に訪問させていただいているのですが、この日、訪問したのは肝臓がん末期の方です。訪問すると、僧侶はまず読経します。台湾の法師の経の読み方は、日本と違って旋律があり、心地よい歌のように聞こえます。日本の場合ですとこの状況で枕元で経を読まれると枕経みたいで、「ちょっと早いのではないですか？」と言われそうなのですけれども、向こうの経はそのような怖さは感じられません。読経の声の中でボランティアが身体をさすったり、気を送ったりする。ボランティアはおむつを替えるとか体の向きを変えたりする人たちではないのです。

この日、ご本人から法師様に質問がありました。「法師さま、最近、しばしば足元に光の柱が立つのですけども、これは一体どういうことでしょうか」。もし私が看護師として、この質問を聞きましたら、まずは「酸欠じゃないかな」と考えます。酸素が欠乏すると人間は幻覚を見ますから、酸素量が足りないのではと考えます。また、気持ちが不安定になっているから薬を増やす必要があるかもしれないとも考えるでしょう。

さて、法師様はどう答えるのだろうかと耳を澄ましていましたら、「うんうん。万事順調にいっていますよ。万事、順番通りにいっていますよ」とお答えになったのです。そうするとその方がぱあっと笑顔になりました。ありがとうございます」。法師が「それでもあなたが心配なら医者を呼びますが、どうする?」「いやいや、順番通りって法師さまがおっしゃるなら安心した。大丈夫です」と、笑顔だったのです。

もし私たちが医療として関われば酸素量を増やし、薬を増やします。しかしそれで、この安心した笑顔を引き出すことができるでしょうか。たぶんできないでしょう。それなのに、医療費だけはかかります。現在、終末期医療に一番お金がかかっているのはご存知の通りです。もちろん、この笑顔が引き出せるならお金をかけてもいいと思います。

でも、現状はどうでしょう。お金をかけているのに、この笑顔は見せてもらえていないのではないでしょうか。台湾はここで医者を呼ばない。医療費が動いていない。法師様がここで「大丈夫だよ。順番通りだよ。これが人の理なのだよ」と支えているので、安心の笑顔になって、しかれています。

も医療費がかからない。そのため、全体として年間二億円の医療費削減が実現していると報告されています。

●「死」を包括できる地域の力を取り戻すために

何とかこの活動の仕組みを日本にもってきたいというのが、この六年来の私の悲願でした。ただ問題がありまして、この方々の活動がどうやって廻っているか。霞を食べているわけじゃないということです。台湾のこの活動はすべてお布施で廻っています。台湾にはお布施文化が生きていて、こうやって看取られた方のご家族がお布施をされます。そのお布施を次の方の看取りに、という具合にうまく廻っているのです。日本にはそういった風習がありませんから、どうやって活動資金を工面するかが大きな課題です。

その課題を抱え躊躇していたのですが、台湾で勉強を始めてからもう六年もたちましたので、なんとかなる！　という思いで、二〇一九年の四月、東京に「大慈学苑」を立ち上げました。台湾の法師様方は「大悲学苑」をそのまま使ったらとおっしゃってくださったのですが、「悲」という字がやっぱり日本の方には「悲しい」としか見えないので、「大慈大悲」の「大慈」の方をとって、「大慈学苑」ということにしました。

活動内容は台湾「大悲学苑」を手本にしています。当初、立ち上げても、日本ではこの活動は周知されていませんし、訪問スピリチュアルケアの注文は来ないだろうと思っていました。一年くらいかけてジワジワとなんとなく広がっていって、何年かたって注文が入ってくればいいかなと、安易な考えでいました。ところが旗揚げした途端、注文が結構な勢いで入ってきているのです。

注文をくださる方々は、ケアマネージャーさん、訪問看護の看護師さん、それから訪問診療をしている医師、ご本人とそのご家族たち、民生委員さんと、さまざまなルートからご依頼をいただきまして、訪問しています。ただ「何月何日、次は一週間後に来ますよ」という形では、原則やっていません。訪問看護や訪問介護はあらかじめ訪問日を決めて実施されていますが、スピリチュアルケアは心の問題ですからね。毎週決まった日に悲しくなるとは限らない。ご本人が辛い時、話を聴いてほしい時に行けなかったら意味がないので、「コールがあったら行きます」という仕組みにしています。ですから訪問の回数や間隔はそれぞれです。

活動を始めてみると、台湾ではみられなかった依頼がありました。台湾ではスピリチュアルケアの対象は終末期の方とそのご家族というケースがほとんどでしたが、日本では引きこもりの方からの依頼がありました。「五〇‐八〇問題」という言葉を耳にされたことがあると思いますけども、引きこもっている方が四〇、五〇歳。それを見ている親が、七〇、八〇歳になっているという引きこもり問題をあらわした言葉です。「自分たちはもうじき死ぬだろうけども、そうなった時、この息子、娘はどうなるのだろう」と心配になっているお父さん、お母さんからご依頼のお電話が来る。「うちの息子と娘とちょっと話をしてくれないか」ということなのです。

でも、引きこもっている人は、私が行ったところで会ってくれないだろうと最初は思っていました。ところが、大丈夫でした。彼らは自分のお城からは出られないのですが、お城に来る者には比較的ウェルカムなのかもしれません。しかも、スピリチュアルケアでは行政や医者のように彼らを社会復帰させようとはしませんから、安心して会ってくれるのかもしれません。「なんで引きこもっているの?」「引きこもっている世界から外を見ると、どう見えているの?」そういうことを話すだけです。相手が話したいことを聴くだけなので、嫌がらずに入れてくれるのですね。まだはじめたばかりなので、ひきこもりの方々にスピリチュアルケアが効果的なのかは、これから検証していかないといけないというところです。

今は私が主に一人で行っていますので、一緒に活動してくれる仲間を増やそうと「訪問スピリチュアルケア専門講座」もつくりました。オンラインでも受講していただけるようになっています。この講座のカリキュラムも、台湾の訪問スピリチュアルケア専門家が学ぶ内容を踏襲しました。日本におけるスピリチュアルケアの学びと違うところは、台湾ではカリキュラムの中に医学的知識を学ぶ時間が組み込まれているというところです。台湾のスピリチュアルケア実践者は、医学の知識も身につけています。もちろん、知っているからとて医療には口を出さないという倫理教育もしっかりされていますから、医療従事者たちも信頼して協働できるのです。

また、日本での訪問スピリチュアルケアの依頼には前述したとおり引きこもりの方もいらっしゃいますから、日本では精神科医から精神疾患について細かく学ぶ授業、精神疾患を持つ方との付き合い方を学ぶ授業も加えました。ご興味があればぜひ、大慈学苑のホームページをごらんください。（大慈学苑：https://myouyu.net/）

遅かれ早かれ、たくさんの死が私たちの生活の場にあふれ出してきます。これは仕方のないことです。私たちは目の前にある問題に対処していくしか方法はありません。しかし、もうひとつ、大きなミッションがあります。死にゆく人、看取る人が、心を支えるスピリチュアルケアを受けることができる仕組みづくりです。二〇四〇年、年間一六六万人の死にゆく人を看取るのが、今の小学生、中学生たちでしょう。あの子たちが一六六万人を看取る。現状でさえ介護殺人という痛ましい事件が時々報道されています。それくらい世の中は介護をする人、看取りをする人たちを放置しているのです。このまま次世代に渡してしまったら、状況はもっともっと悪くなるでしょう。

目の前のことをなんとかしようとするのも、もちろん大事です。けれども、今、ここで文化をつくり直し、もう一度、「死」を包括できる地域の力を取り戻して次世代に渡すことも必要だと思っています。もしそれができるとすれば、今がラストチャンスでしょう。それが私に課せられた義務だと思っています。そしてそこで大きく宗教家が関与できる、力を発揮できるというのは、台湾の活動を見ていただいた通りです。

私たちは「死」というものを、今までずっと、医療という科学に任せてきました。けれども、もうそれではやっていけません。医療という科学と宗教という魂の両輪が揃って、初めて人の人生という車は、まっすぐ前に進むのです。今は科学という車輪だけが大きい。魂の車輪は非常に小さい。だから、同じところをグルグル回ってしまっているのです。ここでもう一回、「魂の車輪」も大きくして、スルスルと前に進むように、そういう文化を取り戻して次世代に渡したいと思っています。

ご清聴、ありがとうございました。

（第33回花園大学人権週間・二〇一九年一二月四日）

『死んでいる場合じゃないぞ!』〜消えたい気持ち。様々な生死観から見えてきたこと〜

根本一徹

●はじめに

この中で一二月二日前夜祭で私が出ていた映画『いのちの深呼吸』を見られた方はどれくらいおられますか?　私は自殺、自死問題を二〇〇四年からずっとやってきて今に至っております。内容が重いですよね、自殺とか自死とか心の問題って。この重い内容で九〇分間は疲れると思いますので、軽くアイスブレークしてリラックスして話をしてから、映像を見てもらえたらと思います。

お隣同士で二人でペアを組んでいただいて、片方の方が片方の方を褒める、それだけです。お坊さんの研修でやると大変ですよ。髪形はいっしょだし、服装はいっしょだし、困ってしまうんですが。みなさん隣の方とペアになって褒めてもらいたいと思います。見た目でも何でもいいです。始めたいと思います。一分間。どちらかが先行で。よーい、はい、スタートです。

ありがとうございました。ずいぶん和らぎました。日本人は褒めるのが下手だといわれています。褒められたら「ありがとうございます」と答えるようにしてください。国際社会だと、「いやいや私、そんなことないです」と言っちゃうと褒めてくれた人を否定してしまうことになりますので失礼になります。外国の方は褒めるのが上手ですし、これからどんどんグローバルな時代になりますので、訓練して損はないです。

自殺、自死問題。生きていく上で悩んだり、苦しんだりしている人は周りにもいると思います。加害者と被害者がいっしょで、どう心をもっていったらいいかわからない、複雑な気持ちを残して悲しみと苦しみを残していく。自殺者は年間二万人くらいに減りましたが、精神病は、この一〇年で一〇倍くらいになりました。なんで自殺者が減るんですかね。相談の現場にいて減る要素は何一つ見つからないんですけど、ちゃんとカウントしているのかなという心配もあります。

実は去年、我々の宗派で、世界がギスギスしてきているのではないかと話題になりました。これでもし戦争が起きた時、宗教者はどうするのか。第二次世界大戦の時は、仏具を溶かして軍艦をつくったりしてきました。「天皇万歳」とみんなが言っている中で「天皇万歳」と言わなかったら危なかったので、あたりまえのように言ってきた。でも、宗教としては「人を赦す」と、お釈迦さまは言っていますので、対話で互いにギスギスしないところにもっていかなければならないのが宗教者としての立場だということで、「広島に研修にいきましょう」と原爆ドームを見てきました。

だんだん悲劇が薄れてくる。そこで説明してくれる人の話を聞いたら、原爆がボンと広島に投下された時、瞬間的に亡くなった人が一五万人だそうです。お年寄りから若者まで瞬時に。その後、被曝してたくさん死んでいるんですが、瞬間で消失した命が一五万人。長崎は七万人。一五万人と七万人が一瞬にして亡くなってしまった。恐ろしいことだなと。

一五万と七万という数字が頭の中でぐるぐる回ったのはなぜかというと、日本において、年間、行方不明者の数が七～八万人といわれているからです。知っていますか。そんなにいなくなっているんですよ。生きているか、死んでいるかわからないけど、おそらく死んでいるでしょうね。

一五万というのは、「病死」と断定できない「変死」といわれる人たちです。治療中だったら病死になりますが、変死というのは何%かが自殺でしょう。WHOは、五割以上は自殺だと見ている。そうしたら「自殺者二万人って、ほんとなのかな?」ということですね。警察が調べて、「確実に自殺です、本人の遺書で自殺をほのめかしていた。これは自殺ですね」と断定できたのが二万人ということです。

そう考えると、この京都、平和ですよね。こんな平和な世の中で、ここは社会福祉の教室です。世界から見たら、福祉もかなり充実していますよね。これだけ平和に見える世の中で、毎年、原爆が落ちるように、それだけの数の人たちが実は死んでいることを考えると、「どうにかしないと、まずいのではないか」と思ってしまうわけです。どうしてこういうことが起こってくるのかを、私なりに、現場で気づいたことではないですけど、やってきた「気づき」をお話ししたいと思います。何の役にも立たないかもしれないけど、私の感じてきたことが、それぞれのフィールドで何かのヒントになって活かされたらいいかなと思うので、おつきあいください。

●映像『ザ・ノンフィクション』より

映像を流します。一二年前の『ザ・ノンフィクション』というフジテレビ系列のテレビ番組です。三〇カ月間密着取材して撮った、四五分もののドキュメンタリーの頭の一〇分だけ、ダイジェストとして見てもらいます。一〇年前ので古いんですけども、どんなことをやっているか、自己紹介として流させていただきたいと思います。

（映像）

最後は感動的なラストになりますので、また見たい方は見てみてください。今やったみたいなことを続けています。資料を配りますが、こんなことが言えるのかなと。登場していたリリーさんは、その後、ネットで仲良くなった人ですが、彼氏ができました。その彼氏は二〇年間、引きこもりをしていた人です。当時、「象〇の塔」という引きこもりだけの団体がありました。引きこもった人たちが、どうやって生計を立てるか。その団体の中でリーダー的な存在だった。

彼氏はなんで二〇年間引きこもっていたかというと、高校に入ったばかりでお父さんが自殺して、お母さんが鬱病になって、引きこもってしまったという経緯です。お母さんも、いつどうなるかわからない、野たれ死にするかもわからないという時、リリーさんも彼氏も、二人とも自殺したいわけですから、コミュニティで話をしていて「自殺でカッコいい死に方は野たれ死にじゃないの。野たれ死にに適したところはどこかな」と、いっしょに探すと「お遍路以上のことがないんじゃないか。四国でお寺回りをして野たれ死にしたらカッコいいジャン。それほど迷惑にならないのではないか。よし、それでいこう」と野たれ死にしに四国へ行きます。

二人で回っていき、「いつ野たれ死にするかな」と思っていたら、一カ月たって二人で帰ってきたんですね。「どうしたの?」というと、なんかもう、すごくピカピカになって、どんよりとした感じが全然なくなっていた。「死のう」と思って倒れていると、人がきて、次々と「おにぎり食べなさい。お茶を飲みなさい。うちにきて泊まりなさい」といって、毎日毎日、死にたくても死ねない。ご接待の人たちが助けてくれた。今まで人を「ありがたい」と思ったことは一度もなかったけども、「こんなに人は、ありがたかったのか」ということを知らされる日々だったそうです。

帰ってきてから、彼は三年寝太郎どころか二〇年寝太郎だったわけですから、はねっ返りの反動がすごかった。バイトした飲食店でメキメキと力を発揮して、そこの店が流行ってしまって二号店つくろう、三号店つくろうとなった。リリーさんは介護士をやっていたんですが、独立して在宅老人を介護することを始めた。自分が苦しんだ経験があるので、不自由な人の気持ちがよくわかる。人気が出て、そこの会社もすごいです。従業員がたくさんいて、主婦がパートみたいにやっているんですが、教育がしっかりしているので流行りました。

彼も雇われ店長としてバリバリやっていて、お母さんもいっしょに住んで鬱が治っちゃった。犬が一匹いるんですけど、統合失調症状、鬱病、引きこもりと現代を象徴する病をもった三人と一匹がのびのびと楽しく生きている。これはたまたまタイミングがよかったのかなと。タイミングが悪かったら死んでいたかもしれないなと。何がきっかけで、そうなっていくかわからないなと思います。

●最近の悩みと傾向

若者を前にして若者のことを言うのは、「なんだ、このおっさんは」と思うかもしれませんが、間違っていることがあったり、「最近、こうなんだ」ということがあったら、また教えてもらえたらなと思います。やってきたなかで感じたことは、こんなことだと思いました。最近の若い人と限定してはいけないんですが、器用な方はスマートだなと思います。スマートフォンに象徴されるように、間違いなく進んでいると感じます。

私が学生時代はどうだったか。ポケベルがやっと出てきた。公衆電話でコインを入れて、文字表を見ながらやっていましたけど、上手な方は速いんですよ。その時代は、スマホで調べられないので、お店に行っても当たるか外れるかわからない。「この店、うまそうかな」という感じですよね。飯を食って盛り上がってしまい、「帰ろう」と思ったら終電がないということがしょっちゅうでした。どこの駅とか頭に入ってないですから「ヤバイじゃないか」と走っていったら「あ、いっちゃった」と。

しょうがないからどこか飲み屋で時間潰すか、ここしか空いてないから入ろうか。「汚いし、まずそうだな」と入ったら、そこの親父が面白くて、未だにつきあいがあるという、サプライズが起こった。その後、カラオケで盛り上がって朝まで時間を潰した。すると、その時の友だちがいまだに友だちで、懐かしいソングを歌う度に思い出す。みたいな感じであります。

何が言いたいかというと、「人生の楽しみって結構、サプライズだな」ということです。これからクリスマスですけど、みなさん、彼氏、彼女に何をもらいますかね。プレゼントとして、普段、欲しそうだなというものをもらうのと、「何これ、何に使うの、なんで、こんなの買ってきたの?」

「お前、こういうところがあるから、きっとこれを使うと喜ぶかなと思って。なかなか手に入りにくいんだけど、プレゼントしたい」というサプライズに、びっくりする。「私のそんなところまで考えてくれていたのか」「私のこんなところまで見ていてくれて」。サプライズって、うれしいんですね。

ところがスマートにいくには失敗しちゃいけないので、下調べが必要になってきます。スマートにいくためにいいところを千差万別して選んでいきますね。自分に快適でないものは退かさないといけない。スマートにいかないので、いやなものを退かすには、いやなものを見つけないといけない。結果、どうでしょう。自分をスマートにするためには、いやなものばかりじゃないですか。そうなると、いやなことばかり見えてきてしまうことも起こってくるのかなと思います。

人生というのはサプライズで、私もなんでここに立っているのか、わかんない。目の前のことをやっていたら、こんなふうになっていたというだけの話で、人生って何が起こるかわからない。その時、新鮮な気持ちでいろんなもの、過去とか未来にとらわれず、目の前のことを味わえることの方がいいわけです。

ＩＴの機器は大きな進歩をしてコミュニケーションを変えたわけですが、返信に追われる事態、これはかなり苦しいものがあります。返信に追われる、これ、意外と辛いんです。返信が早く返ってくるか遅く返ってくるかで、距離感が測られる。昔は手紙のやりとりをするのに一カ月に一回とか二回とかのペースだったのが、一時間に何回、下手すれば三〇分に何回とか、すぐに返さないといけない。五分以内に、とか常に気にしないといけない。

私が修行したのは岐阜県の正眼寺僧堂という厳しい道場です。そこに、二〇年前、ロサンゼルスでいっしょに座禅していたアメリカ人の修行僧が、一番古株でいます。そこにまじめにやっている修行僧たちが「本格的な厳しい修行道場をここでも体験したい」「接心（禅道に詰める事）、一週間、厳しい修行をすることをやってほしい」と、古株の彼に指導してもらえないか、という話がありました。やはり耐えきれず、半分以上、途中で逃げちゃいましたけどね。

田舎の正眼寺で一週間の接心を始める直前に、彼が「これで連絡をとれなくなるから連絡、ちょうだいね」というメールのやりとりをロサンゼルスの彼らとする。いつも早いレスポンスが返ってくる中で、接心の直前に連絡がこないものがあった。彼はそれが頭にこびりついてしまって、参禅が進んでいたんだけど、坐禅の隙間に最後の最後までメールのことが心にあった。「こんなに人生のほとんどをかけて三〇年近く修行してきたのに、それ一つが心配で、染みついて出てきてしまう。現代人のストレスは、ものすごいものがあるのではないか」と言っていました。

「なるほど」と思います。「返信しなきゃ。返信がきているかな」という心配。特に、彼は普段それほどメールをやっていないから、「こんなにも、こだわりがあるのかな。現代人が慌ただしいのは、そういうところもあるのかな」と言っていました。

●セルフケア～自分の体は自分で守る

「スマホ依存」といわれます。「情報過多」とか「心身のバランスが崩れる」とか、そういうことはわかると思いますが、目からばかり入ってくる情報、頭の中で想像した世界です。心身のバランスが崩れますよね。最近、下手な鉄砲も百撃ちゃあたるかなと、いろんな治療法を試行錯誤しています。助けられる方法は、その人その人によって違うんですが、いろいろ考えてやってきて、言葉や、映画や、いろんな人たちや研究者と出会って話をしたんですけども、どんな方法がいいいか。

最終的にたどり着いたのが、同級生の心理学者が言った、「睡眠時間八時間」でした。これを「ほんとかな?」と試しにやってみたんです。簡単でしょ、八時間眠るという。でもね、「どんなものより効くな」という結論です。私の体が壊れたのは睡眠二時間とか、修行道場の延長で寝ない日もあって、結局、壊れた。あまり寝ない人間ですが、八時間睡眠を試みてみたんです。

やってみてわかったんですが、できない。八時間眠るのは、すごいことです。まず体が疲れてなきゃだめ、ほどよく頭も疲れてなきゃだめ。規則正しい生活ができていなければ無理、夜ちょっとテレビを面白いなと思って見だしたら八時間は無理ですよね。食事から洗濯、家事から勉強をして、八時間しっかり睡眠をとるためにそれまでにきっちり整えて熟睡して起きることは、よっぽど鍛練がいりますね。「自己管理」と「計画性」をもたないとできない。

それから、日常性を馴らしていかないといけない。パターンをつくっていかないといけない。それができたら精神的に健康になっていくということです。八時間眠れるということを指標にしてもらいたい。精神的に疲れてきたり、楽しくなくなったり、鬱っぽいなという時は八時間眠ってみてください。それを続けたら、もしかしたら治るかもしれない。

あと、最近、音楽聴いています？　音楽も一つのバロメーターだなと、わかりました。私も「そうだな」と思いました。なんか悩んだり、苦しくなってくると音楽を聴く余裕が心になくなる。自分自身でわからない。最近、いつ音楽聴いたかというと、「あっ」と気がつくことがあります。「最近、音楽を聴く心の余裕がなかったな」ということがある時は、音楽を聴いてみてもいいかなと思います。辛い時、苦しい時、頭がごわごわした時、意外に悲しい音楽の方がすっと入ってきて、涙が出た途端すっきりした、という癒し効果が音楽にはあるのかなと思います。

自分の体は自分で守っていかないといけない。「セルフケア」をみなさんに学んでもらいたいと思います。セルフケアの方法の一つとして「座禅」があります。

この後、「旅立ち」という、いっぺん死んでみようという模擬葬儀をしてもらいます。末期がんのシナリオをやってもらい、死ぬ前にどんなことが大切か考えてもらいます。大切なカードを一二枚もってもらいます。大切な物三つ、大切な人三人、大切にしたい行為、私でしたら座禅とか、友だちと旅行にいくとか三つ、それからやりたかったこと三つのカードをもって、がんの状態がひどくなって、だんだん体が動かなくなってきたら一枚ずつ捨てていきます。最後に何が残るかを見つけて、それも最後になくして、お葬式をしてもらいます。その後四十九日ということで真っ暗のところを歩いてもらう。

そうすると、以前は「あれもほしかった、これもほしかった、あれもやっておかないと、これも」と浮かんでいて、「これじゃ足りない」どうのこうのとやらないといけないことが広がっていたのが、がんのシナリオでどんどんやれなくなって大事なものをどんどん捨てていって最後に残るものは何か。大切な順位の中で人とモノとの順位もつきます。行為の順位もつきます。死んでみて大切なものを失っていくことによって「やらなきゃ」「やり残したことはこれだ」というのが、あるわけですね。

やり残したものを見てみると、ほとんどみんな身近な問題です。家族のこと、パートナーのこと、自分の子ども、親のこと、大事な親友のこととか、簡単に手が届くことなのに、身の周りの近くにあった幸せ、自分が失ってはいけない大事なものが、あたりまえすぎてほっておいて、ないものを求めようとしていることに気がつきます。いっぺん死んだ時に、「今まで必要だと思っていたことが本当に必要だったのか」と気づくことができる。

それともう一つ、いっぺん死ぬと、日々、忙しさにかまけていて大切な自分の何かを忘れていたこと、忙しすぎて何か大事なものを置き去りにしてきたことがわかります。「大事なのは一体何だったんだろう」と、わからなくて、それをどこかにやって忙しさでバタバタしていたことに気づく。大切な何か置き忘れてきたものに気づかせてくれる。

ここからが「禅的な世界」だと思いますが、置き忘れてきたのは何だろう。自分が大事に育てたいと思ったのは、どんな魂だったのか。それをわかると、もう迷わないんですね。そうするともう、目の前のことに集中して、どんどん進んでいくことができる。大概の障害を乗り越えて、達成していけるのではないかと思います。

ここでまた映像を流します。京都大学の先生が面白い研究をしていて、この映像の途中でそれが出てきます。そこを覚えて帰るといいかなと思います。私のような体験ではなく、実験立証された内容です。私がいろいろとやっていることが、日本よりも海外で採り上げられている。なぜかを考えてほしい。人類共通のことだから、歴史的にも共通です。生まれて死ぬまで、どこからきて、どこへいくのか、自分の存在は何なのか。人類普遍のテーマかもしれません。

何かしから田舎の寺でやっていることのために、わざわざ関市のあんな田舎にたくさん外国人が来ます。どういう目で見ているのかを意識しながら、みなさん分析してみて役立ててもらいたいと思います。スタートします。

（映像）

わかってもらえたかなと思います。世界中からいろんな人が来るようになって、「ザ・ニューヨーカー」という雑誌に八ページにわたって掲載されました。中にはいろんな人がいて、全く関係ないんじゃないかというジャンルの取材や研究もあったんですね。ドイツの経済新聞が取材に来たことがあって、「なんで経済新聞がこんな田舎の寺に宗教も文化も違うのに来るの?」と聞いたら、スイスの銀行王と保険王が立て続けに自殺したらしい。資本主義社会の中で頂点に立つ人が死んでしまった。「経済は人を幸せにするためのメカニズムを解明する学問だったはずが、経済新聞として根本的なあり方についてどうなのか、どうしても研究を深めたい、みなさんと考えていく新聞をつくりたい」と言われて「ああ、なるほど」と思いました。経済的に成功しても幸せじゃないということですよね。

もう一人、前夜祭で流したアメリカ映画『ザ・デパーチャー』の監督のラナ・ウィルソンが来た時に、「なぜ撮りたいの?」と聞いた。三年半かけて撮っているんです。五年くらい前に来て聞いたら、アメリカで天才ハッカー少年がいた。何でもできる一〇代の子で、アメリカの軍事機密にも侵入した、ハッキングすることができないことはないくらいの人がいた。その人が、「インターネットの世界だったら平等な世界ができるだろうから遣り抜けてやろう」と構想を練っていた。そのための技術ももっている。

国家機密までやったものだから、逮捕されて刑務所に入った。彼は、すごいですよ。ネットをできないで、三カ月間勾留されて出てきた途端、ありとあらゆる大きな企業がヘッドハンティングする。たくさんいろんな話があったが、「部分的には働くが、やりたいことはこういう構想だからと、それに協力してくれるならビジネスに提供しよう」と一気に大きな存在になっていった。その矢先に彼は自殺したんです。遺書に、「あの刑務所に捕まっていた三カ月間が人生で一番幸せでした」ということが書かれていました。

いいですか。インターネットやＡＩを自分の手や頭みたいに何でも使えたそうですよ。人間がつくったプロテクトを簡単に壊せるような技術をもった人間が、これがあれば何でもできた、財から何からすべて手に入れることができた人間が、「これがなかった三カ月間が一番自分の人生で幸せでした」と遺書を書いて死んでいっている。「これは何だ、自殺問題は」と監督は興味があって、やってきたわけです。

セルフケアが大事ですし、その手段としての座禅も大事です。どれだけお金があって、どれだけすばらしい友だちに囲まれていても、どれだけすごい地位があっても、心が健やかでないと幸せと感じられないんですよ。反対に何もなくても、心が健やかだったら幸せに感じるということです。どっちが得かという、そういうことです。自分の心に外から入っているものを、一回遮断して、「自己を見つめる時間」が重要になってくるのではないかと思うわけです。

●宗教の中にある現代に通ずるヒント

海外からいろいろな人が来て面白いなと思うことがありました。いろんな人たちが来て、本尊さんは、これは大事だとわかる。位牌がわからない。後ろに並んでいる位牌を「何ですか？」と、ほとんどの人が聞く。「位牌といって亡くなった人の名前と、生きていたその人の人生を漢字で表現して、昔の漢語で表現して、その人の存在を感じる心の拠り所としておいてある」と、いくら説明してもわかってもらえない。わからない。そういう概念がないんですね。

「あなたたちの国はどうしているの？」と聞いてみたんです。「病院で死んだら会えるけど、その後、顔を合わさないのが、ほとんどだ」と言っていました。お葬式をすることはするけど、近い身内でとか、棺桶を開かないことも多い、というような感じです。特にアメリカは、お墓参りもまずしないと言っていました。「有名人、偉人の墓参りに行く人はいませんよ」と。「そうなの。大事な人が死んで悲しくて苦しい時、どうするの？」と聞いたら「そのために病院とか薬があるじゃないですか。だから治療があるのでしょう、カウンセリングがあるのでしょう」「わあ、すごいな。合理的だな」と思ったんです。

「日本は死んだらどうしているんですか？」と聞かれたから、「日本は危篤になったら仕事をやめてでもいくんだ。死に際をみて家へ帰ってきて枕経をあげる。田舎の方は特にやっている。お帰りと。親戚が集まってお通夜、葬式、その後、三日経から初七日から毎週四十九日まで。その後は一周忌、三回忌、七回忌、十三回忌…百回忌もやっていますよ。それだけではなくお盆に彼岸に年末年始があります」。そしたら「そんなの、おかしい。死んだ人にそんな時間を使う日本はどうかしているだろう。なぜそんなにするんだ」「いつまでも忘れるわけにはいかないんだ。節目でもしなければ向き合うことができないし、つながりを大事にしていて七回忌と十三回忌は六年あくので、みんな親戚も小学校を入ったら卒業しているし、就職した人は六年たって変化が起きてくる。会うとそんなにいやなもんじゃないいんだよ」と。

すごく西洋は合理的だなと思いました。今の日本も合理的になっています。雇用体系から教育まで右へならえで、合理化されましたね。義務教育に宗教が入ってないのは北朝鮮と日本だけと聞いたことがあります。それもショックでした。「そうなんだ」と。宗教はいろんなヒントになるわけです。「あまりにも違うんだな」とびっくりしました。

日本がもともともっていた価値観、仏教、宗教の中には、現代に通用するヒントがたくさん隠れているのではないかなと思うので、いろんな方法でやってみていくわけです。私がやってきた対談の中で、ダライ・ラマ法王を東京の増上寺に招いたことがありました。

今から七、八年前にインドで開催された「アショカ・ミッション」という大きな仏教者の大会に出たことがあります。世界中の仏教国の国王とか日本の有名なお寺、世界中の仏教者が集った会議があったんです。インドの大会は、ものすごい会場です。その会場には戦車とか戦闘機があった。中国がこの会議を一切認めないという姿勢でやってきたわけです。ダライ・ラマはチベットから亡命していますよね、それを擁護している会議だから許さないということです。

「何かあったら避難してください」と、戦車とか戦闘機が構える中でお坊さんたちが集まって仏教者会議をやった。その時に法王が怒っているんです。開会式の時、舞台上に偉い人たちが並んでいます。私、活動家なので舞台下の真ん中に座っていたら「舞台上の者は席を代われ」と言うんです。私たち活動家を指差して「日々人々を救うためにがんばっている人たちをなんでここの一番上座に座らせないんだ」と、それくらい厳しい。因みに、日本のお坊さんは世界からなめられています。肉は食う、酒は飲む、タバコは吸う。かみさんがいて、一般人と変わらぬ生活をしている。いつも国際会議では日本のお坊さんたちは端っこの方にいる。

増上寺にダライ・ラマ法王を呼んで会をするにあたって、若い人たちが質問をぶつけ、それに法王と私が答えていこうという企画でした。その時、若者たち、若き僧侶、宗教者たちの質問をたくさん集めたんです。龍谷大学のメンバーがメインになって、私が審査しました。ところが、あまりにも質問が低レベルで、ひどすぎました。「どうやって食っていったらいいか」ということばかりでした。法王を呼んでおいて「食う生き方を教えろ」「法事がなくなった、葬式がなくなった、お金がなくなった、どうして食えばいいのか」ということばかりで、「法王を怒らす事は、やめてください」と言っちゃいました。そこで私が法王に話をすることにしました。終わった後、会場の僧侶達に質問を受けようと。そんな恥ずかしい「どうやって食っていけるか?・」の質問で、法王に叱られて、その顔をさらしたらいいだろうと。その時、私が話したことは次のようなものです。

ある時、私のところに電話がかかってきた。「今はまともだから電話できているけど、ヤバイ、ちょっとしたら死ぬ。何回も未遂をしている。何とかしてほしい。読売新聞の和尚さんの記事の切れ端をもっている。それで電話した」と。その時、「東京の新宿からうちまで来られるか?・」「がんばってみます」「来れそうになったら連絡をして」と応答しました。二週間くらいして連絡があった。がんばって外に出られるようになったので、移動中人が少ない時間に来てくれた。入ってきたのは、でっかい重いバックをもったモサッとした感じの二〇代後半の女性でした。ドヨーンとして、「いかにもだな」と。

私の机の上にバックに詰まった大量のファイルや資料をボンとおいたんです。「これが私です」と。どんなんだろうと思ったら病院やカウンセリングの診断書や分析とかです。「日本中の名医という名医を回ってきました。治療という治療をやってきて、その資料です」。彼女は国の仕事をやっているエリートです。大変頭もいいが、仕事上のストレスで不調になった。資料を見ると、それが面白い。「沈黙が何秒か」とか「描いた絵や言葉、薬等で何かを分析できる」という技法の説明が面白くて、彼女に聞くと詳しく教えてくれる。

なぜ面白かったか。私は外国の人に「位牌にお祈りをしたら何が変わったのか、どう変わったのか。何がどう変化するのか」と言われました。理論的にロジカルに話をしないと彼らには通じないので、心の中の世界を説明する。「もし、位牌が落ちていたら誰もそれを踏まないで避けて通る」という感覚を言語化するのは難しくないですか？　だけどその資料には、本人にしかわからない心の状況を、対話している第三者に知らせる、教える技術が、たくさん詰まっていたんです。これは人類の知恵ですよ。「こうやって説明すればいいのか、こうやって変化を説明すればいいのか」と、すごく面白かった。「何？　これ」と言うと「こういうことです」と返事が返ってくる。

「先生はこう言った背景はこうだ」と。

頭がすごくまともで、「なんで死にたいのかな？」「寝られない」と言っていました。私も言ったんです、「これ、やめよう。頭がよすぎて先生の言っていることまで分析しているのではないか。それをやめて座禅をしよう」と縁側で座禅をしたんです。

一回目、「座禅してどこが変わったか？」と聞いたら「びっくりしました」って。「何をびっくりしたの？」「今まで物心ついてから考えないとか思考しないというのはやっちゃいけないことで、常に考えていた。常に勉強していることを叩き込まれてきた。何も考えない、思考しないことは恐ろしいことで、やっちゃいけないことだと思っていた。やってみたら全然、恐くないんですね」って言ったんです。

普通は座禅したら「こんなの、意味あるのか?」「足が痛い」とか言う。これはすばらしい。座禅についてのすばらしいセンスをもっている。「もう一回やってみよう」と二〇分くらい、もう一回やったんです。「どうだった?」というと「すごく感動しました。心が静まった状態になっています。思考とか意識とか、判断が出てくる前に体の中の血液の流れとか呼吸とか命がうごめいている。これで私ができているんだ。この空気とつながりながら外のものとも自分は流れの中の一つなんだ」。自分の中で今まで考えていた世界ではなく、おそらくはそれを感じたんでしょうね。「身体性。つまり、意識や思考が、生まれる前の満ちた世界があると、何となく感じる瞬間が何回かありました」と。「これはすごい」たった二回でそこまでできたら私は追い抜かれてしまうなと思って「センス、あるわ」。

夕方になったので日が暮れるから帰った方がいいからと、最後に「もう一回やろう」と座禅をしたんです。「どうだった?」と聞いたら答えないんですよ。「どうしたの?」顔を見たら滝のように涙を流しているんですね。鼻水も。「どうした? 号泣して。大丈夫か?」と聞いたら「すごいです、きれい」だって。景色が。夕焼けで七月でした。蝉の声。夕涼みの風、田園風景。「景色がきれいだ」と感動しているんです。「ここ来るまで色がなかったんです、景色の。しかもこういう環境に囲まれていると、わからなかった。こんなに世界はきれいなんですね」。「あなたはセンスがいい。ぜひぜひ座禅やりなさい」サンセットがあまりにも美しかったから、できるだけお互い忘れぬ様にサンセット座禅をやるように。未だにやっています。夕焼けが見えると車を泊めて座りたくなる。癖になって。彼女に言ったのは「帰ってからも座禅をするように。外はあるか？」「新宿のマンションのテラスがある。そこがあるのでそこで座禅できる」。

彼女がお寺に来た理由は、三カ月間精神病院に入って出てきたら、キッチンとかお風呂とか、カチャ、パチン、ドタンと音がする。寝ていると足元に、いつも同じ人が立ってくる。頓服を飲んでやっと寝るかと思ったら立っている。奇怪現象が起きてきたので、先生より坊主を頼ろうと、私のところに来た。その雑音、「カチン、カタンと鳴ったら座禅が始まる合図と思って。足元に立ってたら、いつもの小僧さんが来て『そろそろ、座禅の時間ですよ』と教えてくれたと思って座禅してみたら」と言いました。

そして二週間したら連絡があって「すごいことが起こっている」「どうしたの？」「その現象が起こらなくなった。なんでか、わかんない」。私は、「あまりにも眠れなくて苦しくて、頭の中がおかしくなって奇怪現象を生み出していたのか。それとも座禅することによって何かしらの変化が起こったのかどっちの方だ？」と言うと「後の方だ」と。「現象は絶対にあった。お母さんや友だちに確認してもらった」と。それがなぜなくなったのか。もしかしたら脅かそうと思って出てきて音を鳴らしても、座布団をもってテラスにいって座禅をする。一週間くらいそれが続いたらしい。それを何度も繰り返しているうちに「ここで何度やっても、ここでこんなことをしていても意味ない」と出ていったのではないかと。「そうか。よかったな、いなくなって」。

彼女は最後に言ったんです。「和尚さん、お願いごとがあるんです」「何ですか?」「もう一度、それを呼び出してほしい」「それはできない。密教系だったらできるかもしれないけど、うちはそういう手法はもっていない。呼び出すことはできない。なんで嫌で苦しくて逃げて寺に来たのに会いたいの?」。なんと言ったと思います? なんでお化けに会いたいか。「お礼が言いたい」と。お礼。感謝の気持ちを伝えたい。「なんで自分が苦しめられて死ぬかもしれなかったのに、お礼が言いたいんだ?」と聞いたら「あのお化けが出てこなかったら絶対、寺に行かなかった。今頃はとっくに死んでいたと思います。だからお礼が言いたい」。私は、「なんか男と女みたいだね。逃げれば追う、追えば逃げるみたいな。面白いね」と話して笑った。「無理だよ、感謝してあげよう。その霊的な存在に『成仏してくださいね』と」。その後、すぐに復帰することができました。

法王に、そういう話をしたんですね。法王はいろいろ言っていました。一つだけいうと「人間というのはいろんな流れでできている。血液の流れ、酸素の流れ、いろんな流れがある。それをすべての僧医は重要視する。西洋の医学は、それを重要視しない。だから、そこに気をつけた方がいい。仏教はその流れを滞らせない。流れをよくする機能のある行が、仏教にはたくさん集まっている。頭を使う、心の問題を扱うからだ」と言っていました。

どうかみなさん、周りに苦しい人がいた時、自分が苦しい時、今日、学んだことが何かヒントになって犠牲者が減る。心の悩みを抱えた人が解決していけるように導いてもらえるといいなと願っています。最後までご静聴ありがとうございました。

（第33回花園大学人権週間・二〇一九年一二月五日）

コロナがあらわにした分断される意識
——和解と救済の社会学へ

花園大学人権論集㉘

二〇二一年三月二〇日　初版第一刷発行

編者●花園大学人権教育研究センター
〒六〇四－八四五六
京都市中京区西の京壺の内町八－一
TEL・〇七五－八一一－五一八一
E-mail・jinken@hanazono.ac.jp

発行●批評社
〒一一三－〇〇三三
東京都文京区本郷一－二八－三六　鳳明ビル
TEL・〇三－三八一三－六三四四
FAX・〇三－三八一三－八九九〇
振替・〇〇一八〇－二－八四三六三
E-mail・book@hihyosya.co.jp
http://hihyosya.co.jp

印刷
製本●モリモト印刷株式会社

●執筆者紹介

佐々木　閑——花園大学文学部教授

吉永　純——花園大学社会福祉学部教授、人権教育研究センター所長

師　茂樹——花園大学文学部教授

梅木真寿郎——花園大学社会福祉学部教授、人権教育研究センター副所長

渡邊恵美子——NPO法人まーぶる理事長

笹谷　絵里——花園大学社会福祉学部専任講師

幸重　忠孝——NPO法人こどもソーシャルワークセンター理事長

宇都宮浩生——花園大学社会福祉学部社会福祉学科4回生

小林　光長——花園大学社会福祉学部臨床心理学科4回生

玉置　妙憂——看護師・看護教員・ケアマネジャー・僧侶

根本　一徹——臨済宗妙心寺派大禅寺住職、僧名・紹徹

ISBN978-4-8265-0722-6 C3036 ¥1800E　Printed in Japan

17 民主主義の倒錯——反差別・反グローバリズムの論理
【執筆】冨田貴史、青木美憲、森敏治、小波津正光、愼英弘、藤井渉、林信明、八木晃介

18 変容する他者と潜在化する社会病理——仕事・貧困・自殺問題のゆくえ 【執筆】浅井健、袴田俊英、袖山卓也、中尾良信、安田三江子、津崎哲郎、吉永純

19 メディアが伝えた原発事故と犯罪 【執筆】樋口健二、川野眞治、守田敏也、河野義行、ヘリパッドいらない住民の会メンバー、湯浅洋

20 人権と偏見のコンフリクト——寛容な社会のために
【執筆】小林敏昭、池田克之、植村要、吉田叡禮、中尾良信、太田恭治、森本泰弘

21 弱者に寄り添う——災害と被災者支援の実践から 【執筆】川久保尭弘、阿部泰宏、西岡秀爾、丹治光浩、根本治子、藤井渉

22「他者」との共生——カウンターカルチャーの構築に向けて
【執筆】金田諦應、中嶌哲演、知花一昌、吉永純、春名苗、津崎哲郎、八木晃介

23 支援のための制度と法のあり方とは——バックアップ社会へ
【執筆】中北龍太郎、後藤貞人、後藤至功、浅子逸男、梅木真寿郎、室津龍之介、保田恵莉

24 孤立社会からの脱出——始めの一歩を踏み出すために
【執筆】鬼丸昌也、朝霧裕、阪口青葉、川並利治、脇中洋、丸山顕徳、島崎義孝

25 広がる隣人との距離——制度の狭間で見えなくなる困窮
【執筆】生田武志、鹿島啓一、鍋島直樹、川島ゆり子、中尾良信、八木晃介、山口真希

26「社会を作る人」を作る——だれもが生まれてよかったと思える社会に 【執筆】白井聡、内藤れん、小林敏昭、吉永純、中善則、和田一郎、西岡秀爾

27「私」から始める支援の実践——公共福祉の隙間を埋める
【執筆】玉城ちはる、松原洋子、三品桂子、藤井渉、菅修一、島﨑将臣、ほか。

花園大学人権論集＊既刊

Vol.6 ～ 9：花園大学人権教育研究室［編］、Vol.10 ～：花園大学人権教育研究センター［編］／各巻四六版並製／本体価格 1800 円＋税

6　マイノリティの社会論　【執筆】蒔田直子、皇甫任、阿部知子、山下明子、金英達、松崎喜良、田中英三、愼英弘

7　カオスの中の社会学　【執筆】免田栄、小野和子、福島智、中尾良信、浅子逸男、八木晃介、島崎義孝

8　虐げられた人びとの復権　【執筆】井桁碧、笑福亭伯鶴、近藤美津枝、愼英弘、浜田寿美男、林信明、吉田智弥

9　記号化する差別意識と排除の論理　【執筆】石川一雄、中山武敏、上野光歩、中尾貫、阿南重幸、高實康稔、岡田まり、山田邦和、森本泰弘、八木晃介

10　〈差別〉という名の暴力――果てしなきホープレス社会の病理
【執筆】灰谷健次郎、浦島悦子、若林義夫、林力、戒能民江、沖本克己、愼英弘、堀江有里、山崎イチ子、八木晃介

11　棄民のナショナリズム――抵抗の流儀を学ぶために
【執筆】石原昌家、知花昌一、宮淑子、津崎哲郎、愼英弘、三品桂子、市原美恵、渡邊恵美子、安田三江子、丸山顕徳、八木晃介

12　周縁世界の豊穣と再生――沖縄の経験から、日常の意識化へ向けて　【執筆】石原昌家、浦島悦子、福島輝一、本田哲郎、牟田和恵、中村武生、吉田智弥、西村惠信

13　ニッポンってなんやねん？――響きあう周縁文化と私
【執筆】石原昌家、浦島悦子、仲里効、趙博、津崎哲郎、中尾良信、堀江有里、八木晃介

14　敗北の意味論――情況から、そして情況の変革へ向けて
【執筆】上杉聡、牧口一二、石原昌家、謝花悦子、浦島悦子、脇中洋、八木晃介、林信明、小田川華子

15　個の自立と他者への眼差し――時代の風を読み込もう
【執筆】浦本誉至史、山口研一郎、竹下義樹、中尾良信、吉永純、広瀬浩二郎、山田邦和

16　マフィア資本主義の呪縛――反差別・反貧困セーフティネットの構築を！　【執筆】岩城あすか、湯浅誠、徳永瑞子、吉永純、脇中洋、丸山顕徳、八木晃介